KB122362

안드로이드 프로그래밍

이준형, 홍유식, 최명복 共著

21세기사

머리말

 스마트폰의 등장과 함께 게임, 전자메일, 다양한 업무를 언제 어디서든 할 수 있는 세상 속에 살아가는 것 같습니다. 스마트폰은 많은 최신의 지식과 기술을 담고 있는 똑똑한 컴퓨터입니다. 신형의 휴대폰이 나오면 새로운 응용을 개발하기 위해 많은 노력을 해야 되는 것 같습니다. 이러한 지능적인 새로운 기기를 위한 프로그램 개발 환경은 매우 복잡한 것 같습니다. 매우 다양한 종류의 모델과 지속적인 추가 기능들을 개발에 반영해야 하기 때문인 것 같습니다. 따라서 본 교재에서 다루고자하는 스마트폰 개발 툴인 Android Studio는 많은 종류의 플랫폼과 API 레벨들을 포함하고 있습니다.

 스마트폰을 이용해 응용을 개발하는 사람은 부지런하고 변화에 민감해져야 잘 적응할 수 있는 것 같습니다. 또한 스마트폰 프로그램을 작성하거나 교육하는 사람들은 Android Studio의 버전이 꽤 빠르게 변화됨을 느낄 것입니다. 물론 저자가 교재를 작성하는 동안에도 많은 버전 변경이 발생하였습니다. 새로운 버전을 설치하고 적응하는데 보통 몇일이 걸릴 것입니다. 새로운 기능이 지속적으로 추가되고 있는 이런 빠른 버전 업은 시스템 개발 환경에도 많은 부담을 갖게 합니다. 그래서 이전에는 잘 실행되었는데 새로 설치한 버전이 현재 시스템 환경에 맞지 않아 실행하는데 어려움이 있는 경우도 있습니다. 또한 스마트폰 프로그램을 처음 개발하는 사람에게는 최근의 변화된 내용을 다루는 적절한 서적이나 참고 문헌 등을 찾기도 어려울 것입니다.

 저자가 작성한 이 교재는 스마트폰을 처음 익히고자하는 초보자를 위한 교재입니다. 그래서 개발 환경이 자꾸 변화하는 것이 두렵거나 인내심이 많지 않은 분들에게도 부담 없이 볼 수 있는 책이 될지도 모릅니다. 또한 가능한 쉽게 설명되어서 많은 시간을 추가로 투자하지 않아도 되는 장점도 있습니다. 물론 개발 환경의 하드웨어적인 측면의 부담도 크지 않게 되는 방향을 고려하여 작성되었습니다.

처음 어플을 개발하려고 하는 사람들은 매번 새로운 버전을 새로 설치하는 것보다는 일정 기간동안은 같은 버전으로 작업하는 것이 좋을 듯합니다. 특정 개발환경에 필요한 버전의 설치는 본 교재에서 자세히 설명해 놓았습니다. 본서는 가능하면 이론위주로 많은 내용을 다루기보다는 간단한 어플을 개발하는데 꼭 필요한 팁 위주로 작성되었습니다. 이 책을 이용해 실습을 마치면 간단한 응용 프로젝트는 작성할 수 있는 능력을 갖출 수 있는 데에 중점을 두었습니다. 특히, 졸업 후 사물인터넷(IOT)이나 어플 관련 개발회사에 처음 입사한 사람들이 적응해야 하는 부분들을 생각하며 작성하였습니다.

이 책이 나오기까지 정성을 다해 편집하고 출판해주신 출판사 관계자 분들께 감사를 드립니다. 좋은 책이 되도록 많은 도움을 주신 상지대학교 홍 유식 교수님과 강릉 원주대학교의 최 명복 교수님께 깊은 감사를 드립니다.

2016년
저자 씀

목차

01

안드로이드 시작하기

1장은 안드로이드를 실행하는데 필요한 환경을 만들어 본다. 안드로이드를 실행하기 위해서는 자바 개발 킷(JDK – Java Development Kit) 설치가 필요하다. JDK(Java Platform)라고 불리는 자바 개발 킷에는 표준형(Standard Edition – JAVA SE), 기업용(Enterprise Edition – JAVA EE), 소형용(Micro Edition – JAVA ME) 등 이 있다. 본 교재에서는 SE 버전을 사용하기로 한다. SE의 설치가 완료되면 JDK 환경 변수 설정을 할 것이다.

이어서, 안드로이드 스튜디오(Android Studio)를 설치해보고 실행해 본다. AVD (Android Virtual Device) 설정에 관련된 내용을 알아보고 안드로이드 스튜디오의 재설치에 대해서도 실습하기로 한다.

자바 개발 킷 설치하기

개발 킷을 다운받기 위해 〈그림 1〉과 같이 "http://www.oracle.com"을 실행시킨다. 중앙 상단 위치의 "Downloads"에 커서를 갖다 노은다음, 커서를 좌측 상단 아래의 "JAVA SE"로 이동하여 클릭한다. 앞의 과정 대신 다음을 입력하여도 "http://www.oracle.com/technetwork/java/javase/downloads/index.html" 동일하다.

〈그림 1〉

〈그림 2〉와 같이 "Java SE Downloads" 바로 아래의 그림을 클릭한다.

〈그림 2〉

〈그림 3〉과 같이 "Accept License Agreement"를 클릭하여 옵션을 선택한다.

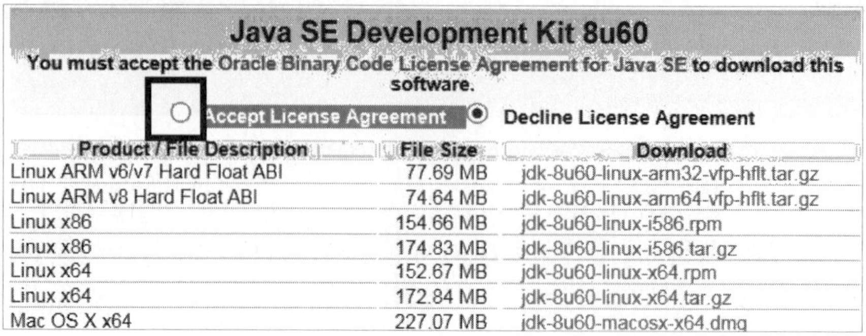

〈그림 3〉

〈그림 4〉와 같이 "jdk-8u60-windows-i586.exe"를 클릭하여 다운 받는다. 이 경우 자신의 운영체제 환경에 맞는 파일을 선택하면 된다. i586(32비트 버전)와 x64(64비트 버전) 등을 선택하면 된다.

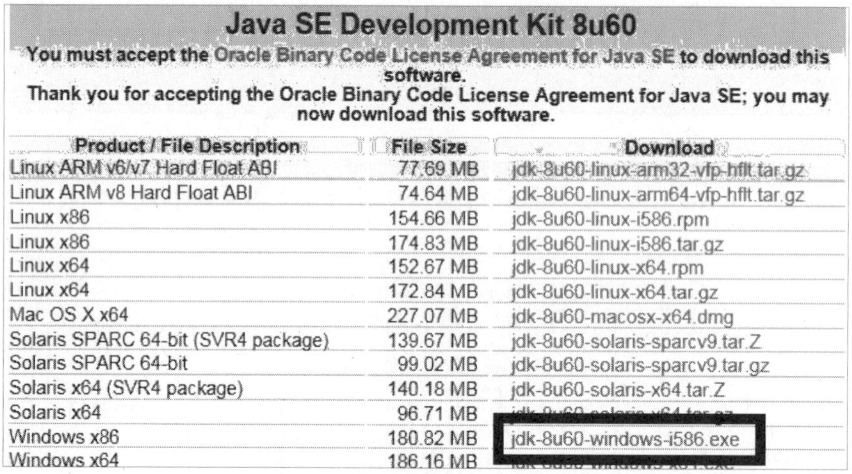

〈그림 4〉

다운받은 파일을 더블 클릭한다. 이어서, "실행" 버튼을 클릭 한 다음, "Next" 버튼을 2번 연속하여 클릭한다. 이어서, "다음" 버튼을 클릭하여 설치를 진행한다. 설치가 완료되면 "Close"버튼을 클릭한다.

JDK 환경 변수 설정

JDK 환경 변수 설정을 위해 "시작메뉴"의 "컴퓨터" 항목에서 마우스 우측 버튼을 클릭한 다음, "속성"을 클릭 한다(혹은, 윈도우 탐색기에서 "제어판₩시스템 및 보안₩시스템"을 차례로 선택한다). 이어서, "고급 시스템 설정"을 클릭 한 다음, "환경 변수(N)..."을 클릭한다.
〈그림 5〉와 같이 기존의 "Path" 시스템 변수에 javac와 java명령이 위치한 폴더 "C:₩Program Files₩Java₩jdk1.8.0_60₩bin" 값을 입력한다. 기존의 "Path" 시스템 변수가 없으면 새로 생성한 다음, 입력한다.
같은 방법으로 Classpath(자바 클래스 라이브러리가 있는 위치)에 "C:₩Program Files₩Java₩jdk1.8.0_60₩lib"을 입력한다.

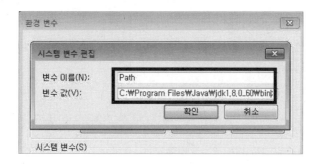

〈그림 5〉

안드로이드 스튜디오(Android Studio) 설치하기

안드로이드 스튜디오 1.3 버전을 설치하기 위해, 〈그림 6〉과 같이 웹브라우저의 주소 창에 "http://tools.android.com/download/studio" 라고 입력하고 엔터키를 누른다.

〈그림 6〉

〈그림 7〉과 같이 아래쪽의 "Stable" 을 클릭한다.

〈그림 7〉

〈그림 8〉과 같이 "1.3(July 29th, 2015)"를 클릭한다.

Android Studio Stable Channel

The current build in the stable channel is

- 1.5.1 (December 3rd, 2015)

Older builds previously offered in the stable channel:

- 1.5 (November 17th, 2015)
- 1.4.1 (October 21st, 2015)
- 1.4 (September 30th, 2015)
- 1.3.1 (August 7th, 2015)
- 1.3 (July 29th, 2015)
- 1.2.1.1 (May 12th, 2015)
- 1.2 (April 30th, 2015)

〈그림 8〉

파일을 다운 받을 사이트(http://tools.android.com/download/studio/canary/1-3)는 〈그림 9〉와 같지만, 앞의 과정을 거쳐 온 이유는 안드로이드 스튜디오의 필요한 버전을 선택하는 방법을 알아본 것이다. 〈그림 9〉와 같이 사각형으로 선택한 부분을 클릭하여 실행파일(android-studio-bundle-141.2117773-wind ows.exe)을 다운받아 저장한다.

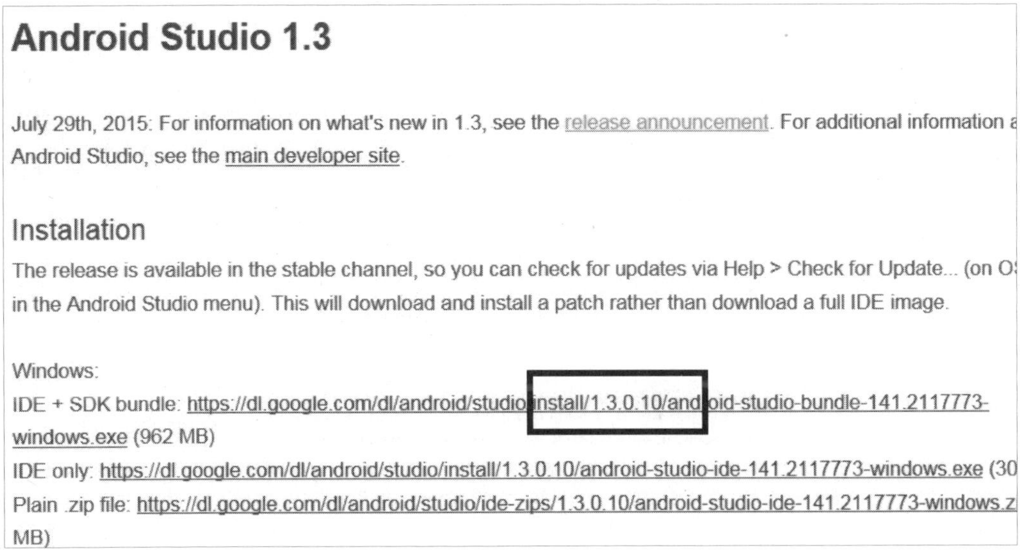

Android Studio 1.3

July 29th, 2015: For information on what's new in 1.3, see the release announcement. For additional information a Android Studio, see the main developer site.

Installation

The release is available in the stable channel, so you can check for updates via Help > Check for Update... (on O in the Android Studio menu). This will download and install a patch rather than download a full IDE image.

Windows:
IDE + SDK bundle: https://dl.google.com/dl/android/studio/install/1.3.0.10/android-studio-bundle-141.2117773-windows.exe (962 MB)
IDE only: https://dl.google.com/dl/android/studio/install/1.3.0.10/android-studio-ide-141.2117773-windows.exe (30
Plain .zip file: https://dl.google.com/dl/android/studio/ide-zips/1.3.0.10/android-studio-ide-141.2117773-windows.z MB)

〈그림 9〉

참고로 가장 최근 버전의 안드로이드 스튜디오를 다운 받기 위해서는 〈그림 10〉과 같이 "http://developer.android.com/intl/ko/sdk/index.html" 사이트를 이용해서 다운받으면 된다. 이 책에서는 버전 1.3을 기준으로 설명하고 있으며 반드시 1.3 버전을 설치한다(〈그림 10〉은 참고만 하길 바란다).

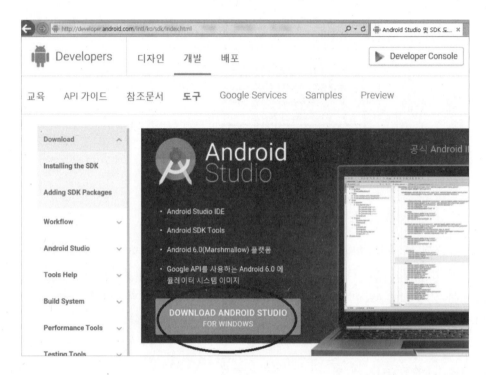

〈그림 10〉

앞의 〈그림 9〉에서 다운 받은 파일(android-studio-bundle-141.2117773-wind ows.exe)을 〈그림 11〉과 같이 더블 클릭하여 실행시킨다.

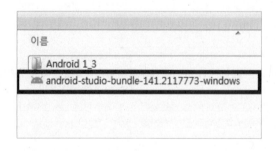

〈그림 11〉

〈그림 12〉와 같이 "실행" 버튼을 클릭한다.

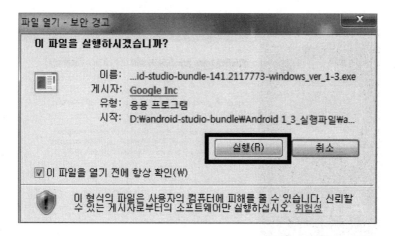

〈그림 12〉

만약, 다른 버전의 Android Studio가 이미 설치되어 있다면 〈그림 13〉과 같이 나타날 것이다.
이전 버전을 삭제(Uninstall) 하려면 "Next" 버튼을 클릭하고 삭제하지 않으려면 체크표시를 클
릭하여 선택을 해제한 후 "Next" 버튼을 클릭한다. 만약, 이전 버전이 설치되어 있지 않고 처음
설치하는 경우는 〈그림 14〉의 내용으로 건너 띄어 수행하면 된다. 이 교재에서는 체크표시를 클
릭하여 해제하고 진행하는 것으로 한다.

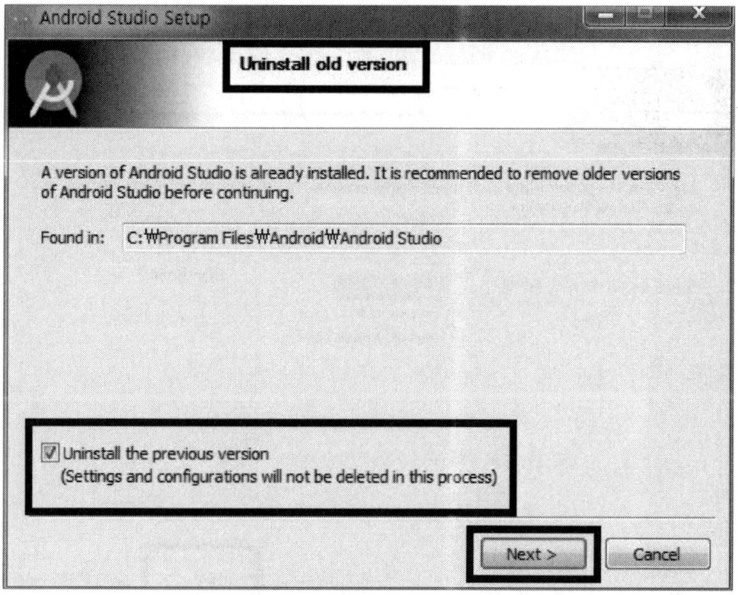

〈그림 13〉

〈그림 14〉와 같이 "Next" 버튼을 클릭한다.

〈그림 14〉

〈그림 15〉와 같이 "Next" 버튼을 클릭한다.

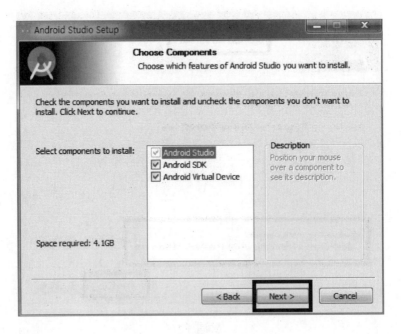

〈그림 15〉

〈그림 16〉과 같이 “I Agree” 버튼을 클릭한다.

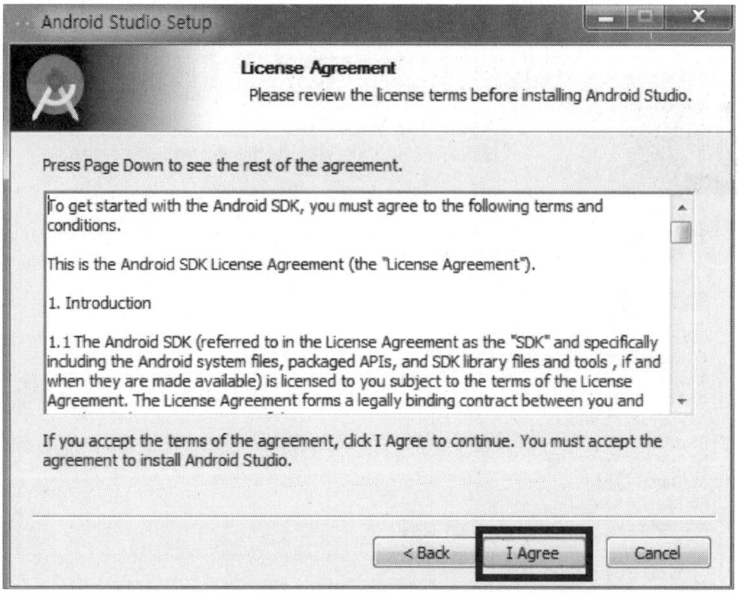

〈그림 16〉

〈그림 17〉와 같이 “Next” 버튼을 클릭한다.

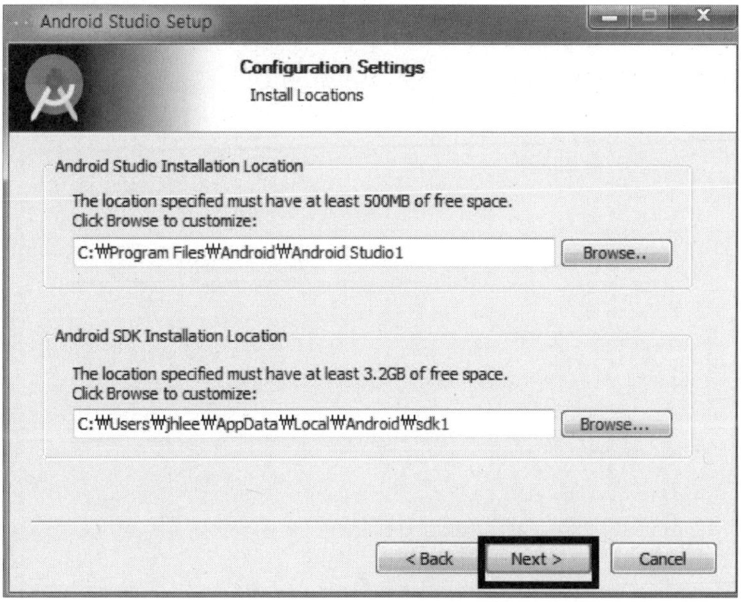

〈그림 17〉

〈그림 18〉과 같이 "Install" 버튼을 클릭한다(만약 "Install" 버튼이 클릭되면 취소가 되지 않음으로 주의해야 한다).

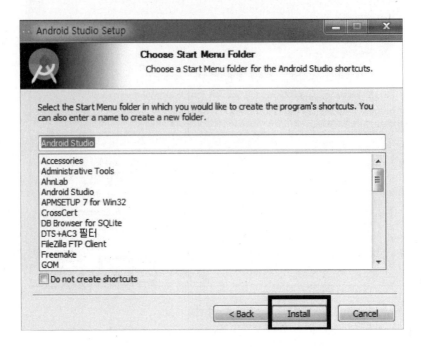

〈그림 18〉

설치가 다 진행되었다면, "Completing Android Studio Setup" 대화상자가 뜰 것이다. "Finish" 버튼을 클릭하여 설치를 완료한다. 이것으로 설치를 마친다.

실행하기

화면 좌측 하단에 있는 "윈도우 시작" 메뉴를 클릭한 다음, 〈그림 19〉와 같이 "Android Studio"
프로그램을 클릭하여 실행시킨다.

〈그림 19〉

〈그림 20〉과 같이 "Start a new Android Studio project"를 더블 클릭한다.

〈그림 20〉

〈그림 21〉과 같이 "Application Name" 란에 "My Application1" 이라고 입력 한 다음, "Next" 버튼을 클릭한다.

〈그림 21〉

〈그림 22〉와 같이 Minimum SDK를 "API 15: Android 4.0.3(IceCreamSand wich)"를 선택 한 다음 "Next" 버튼을 클릭한다.

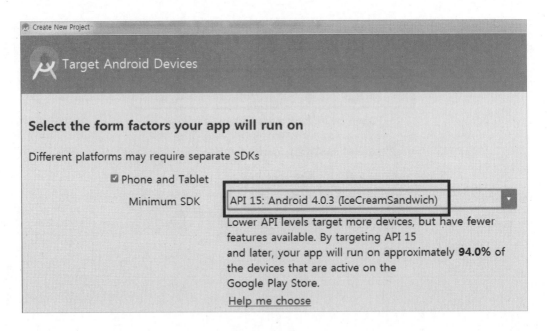

〈그림 22〉

〈그림 23〉과 같이 "Blank Activity"를 선택한 다음, "Next" 버튼을 클릭한다.

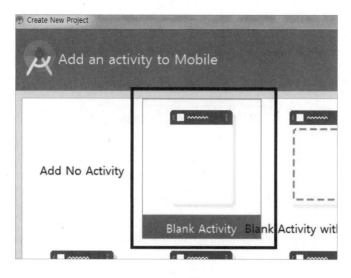

〈그림 23〉

이어서, "Finish" 버튼을 클릭 한 다음 "Close" 버튼을 포함하는 대화상자가 나타나면 그 버튼을 클릭한다. 〈그림 24〉와 같이 "Project", "Android", "res", "layout"을 차례로 클릭 한 다음, "activity_main.xml"을 더블 클릭한다.

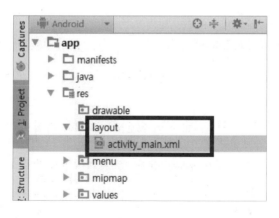

〈그림 24〉

〈그림 25〉와 같이 실행아이콘(삼각형 모양의 아이콘)을 클릭하여 응용을 실행시킨다. 에러가 없이 정상적으로 실행된다면, 〈그림 32〉부터 실습하면 된다. 에러가 발생되면 〈그림 26〉부터 실습하길 바란다.

〈그림 25〉

설치되는 여러 환경에 따라서는 〈그림 26〉과 같은 에러가 발생하는 경우도 있다.

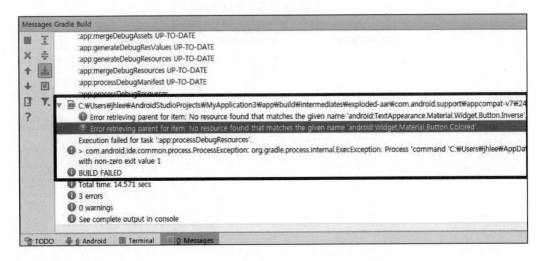

〈그림 26〉

앞의 에러를 수정하기 위해 〈그림 27〉과 같이 원으로 표시한 삼각형 모양의 아이콘을 클릭한다.

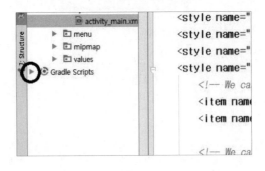

〈그림 27〉

〈그림 28〉과 같이 build.gradle(Module: app)를 더블 클릭한다.

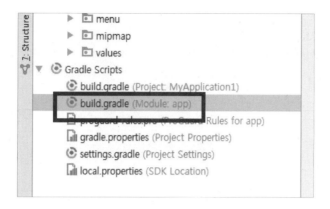

<그림 28>

〈그림 29〉와 같이 "dependencies" 부분을 수정한다.

```
                minifyEnabled false
                proguardFiles getDefaultProguardFile('proguard-and
            }
        }
    }

    dependencies {
        compile fileTree(dir: 'libs', include: ['*.jar'])
        //compile 'com.android.support:appcompat-v7:24.0.0-alpha1'
        compile 'com.android.support:appcompat-v7:22.+'
    }
```

<그림 29>

> **방금 수정된 부분은 아래와 같다.**
>
> ```
> dependencies {
>   compile fileTree(dir: 'libs', include: ['*.jar'])              //변경 안함
>   //compile 'com.android.support:appcompat-v7:24.0.0-alpha1' //주석처리
>   compile 'com.android.support:appcompat-v7:22.+'           //새로 추가
> }
> ```

참고로, 지금까지의 과정은 〈그림 30〉과 같이 "dependencies" 부분의 내용과 위쪽에 있는 "compileSdkVersion 22"의 버전을 일치시켜주는 작업을 한 것이다.

〈그림 30〉

〈그림 31〉과 같이 실행아이콘을 클릭하여 응용을 실행시킨다.

〈그림 31〉

〈그림 32〉와 같이 "Launch emulator" 옵션버튼을 클릭한 다음, "Android virtual device:" 선택상자(드롭다운리스트)에서 "3.2 HVGA slider(ADP1) API 19"를 선택하고 OK를 클릭한다. 만약 에러가 발생되어 〈그림 32〉와 같은 창이 나타나지 않으면, 1.5절(AVD(Android Virtual Device) 설정하기)부터 실습하면 된다(프로그램 설치 후 처음 실행하는 경우, 1.5절부터 실습하면 된다).

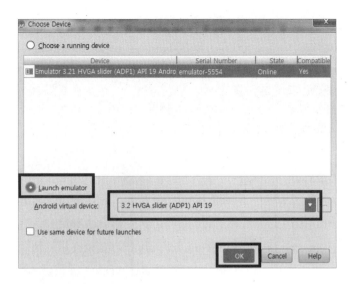

〈그림 32〉

〈그림 33〉과 같이 실행결과가 나타나면, 잠금을 해제시킨다.

〈그림 33〉

실행된 최종 결과는 〈그림 34〉와 같다.

〈그림 34〉

이상으로 실행하기를 마친다.

AVD(Android Virtual Device) 설정하기

〈그림 35〉와 같이 "AVD Manger" 아이콘을 클릭한다.

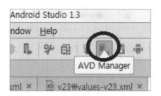

〈그림 35〉

〈그림 36〉과 같이 "Create a virtual device"를 클릭한다.

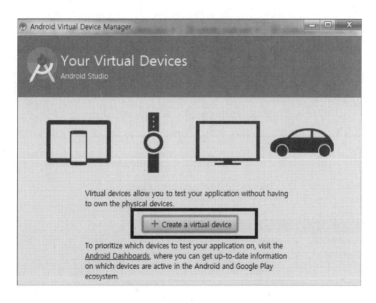

〈그림 36〉

〈그림 37〉과 같이 "Phone", "3.2" HVGA Slider(ADP1)", "Next" 버튼을 차례로 클릭한다.

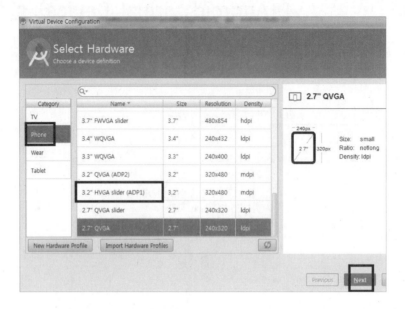

〈그림 37〉

〈그림 38〉과 같이 "Show downloadable system image"를 클릭하여 체크상태로 만든다.

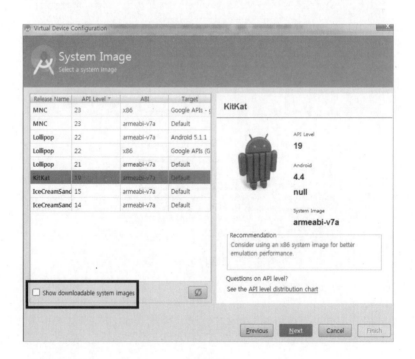

〈그림 38〉

〈그림 39〉와 같이 "KiKat Download 19 armeabi-v7a" 버전의 Download 위치를 클릭한다. 만약 이 버전이 이미 설치된 경우에는 Download 표시가 안 나타날 것이다. 그런 경우 〈그림 41〉부터 수행하면 된다.

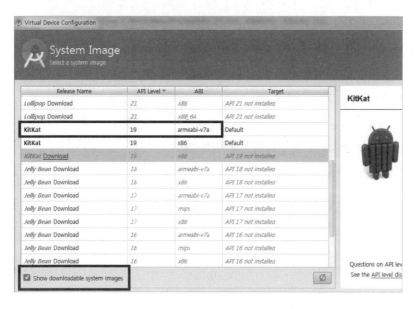

〈그림 39〉

〈그림 40〉과 같이 설치가 완료되면 "Finish" 버튼을 클릭한다.

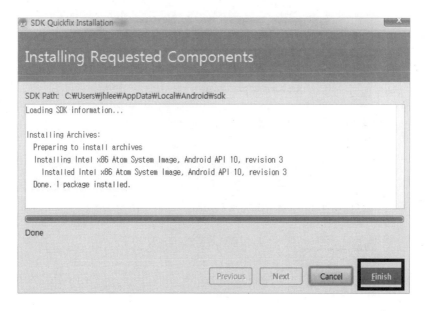

〈그림 40〉

〈그림 41〉과 같이 "KiKat 19 armeabi-v7a", "Next" 버튼을 차례로 클릭한다.

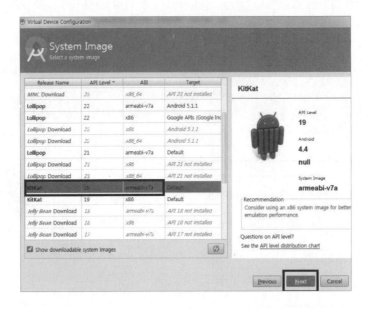

〈그림 41〉

〈그림 42〉와 같이 "3.2" HVGA slider (ADP1) API 19"를 "3.2 HVGA slider (ADP1) API 19" 로 변경한다(3.2"에서 "를 제거하면 된다).

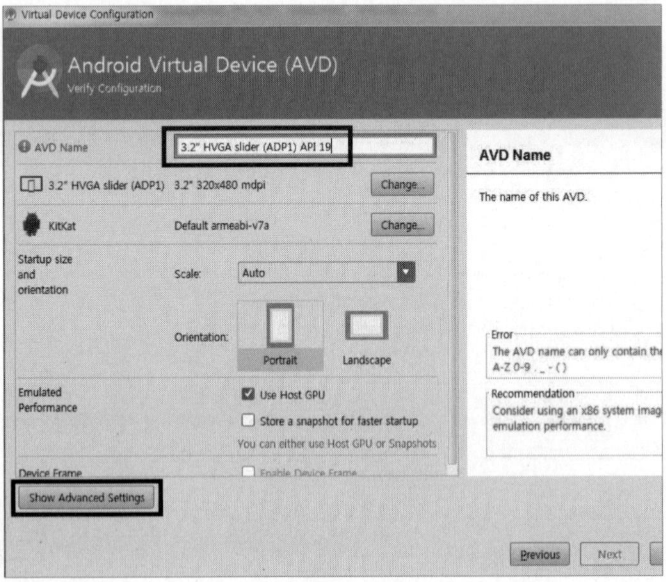

〈그림 42〉

〈그림 43〉과 같이 "Finish" 버튼을 클릭한다.

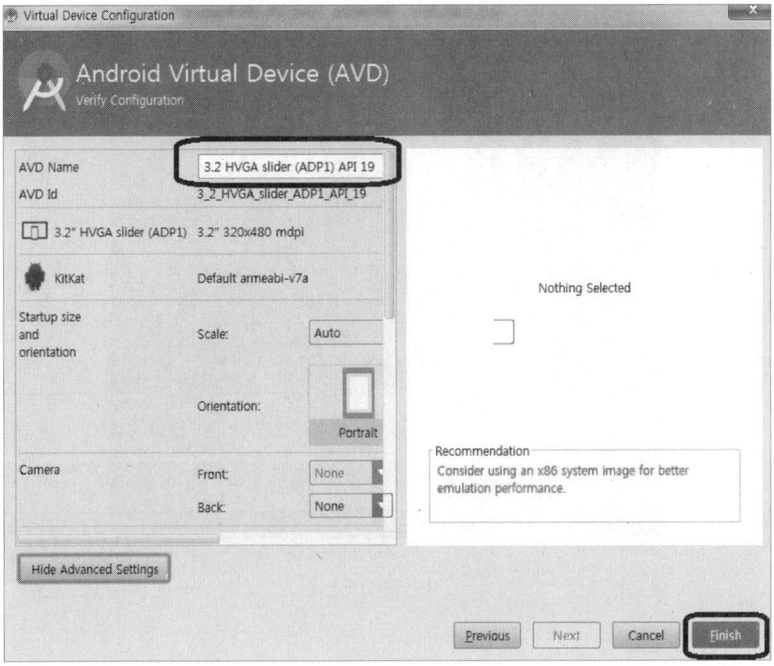

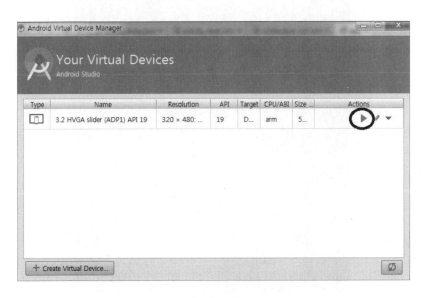

〈그림 43〉

〈그림 44〉와 같이 실행 아이콘을 클릭한다.

〈그림 44〉

〈그림 45〉와 같이 "OK" 버튼을 클릭한다.

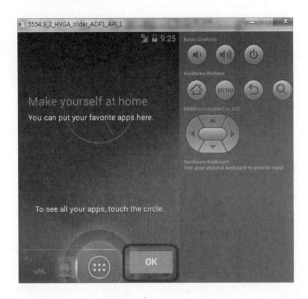

〈그림 45〉

〈그림 46〉과 같이 원으로 표시한 위치를 클릭한다.

〈그림 46〉

〈그림 47〉과 같이 "My Application1"을 더블 클릭한다.

〈그림 47〉

실행결과는 〈그림 48〉과 같다.

〈그림 48〉

만약 〈그림 48〉과 같이 실행 결과가 나타나지 않으면, 〈그림 49〉와 같이 실행아이콘을 클릭하여 다시 한 번 실행시킨다.

〈그림 49〉

〈그림 50〉과 같이 "Choose a running device" 가 선택된 상태에서 "OK"버튼을 클릭한다. 실행 결과는 앞의 〈그림 48〉과 같이 나타날 것이다.

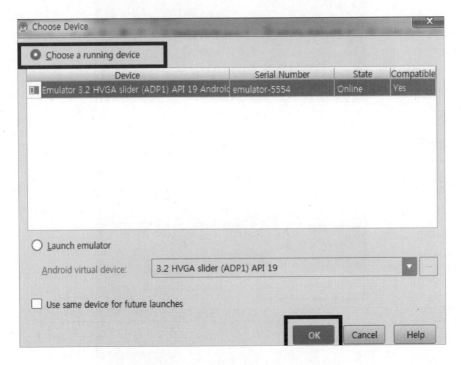

〈그림 50〉

이상으로 AVD(Android Virtual Device) 설정하기 실습을 마친다.

1.6 안드로이드 스튜디오(Android Studio) 재설치하기

Android Studio의 치명적인 오류로 실행이 안 되는 경우 재설치를 할 필요가 있다. 그러기 위해서는 먼저 이전 파일을 언인스톨(Uninstall) 한다. 〈그림 51〉과 같이 "C:₩Program Files₩Android₩Android Studio₩uninstall.exe" 파일을 더블 클릭한다.

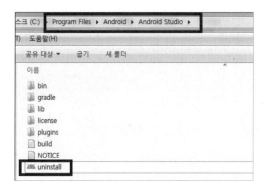

〈그림 51〉

〈그림 52〉와 같이 "Next" 버튼을 클릭한다.

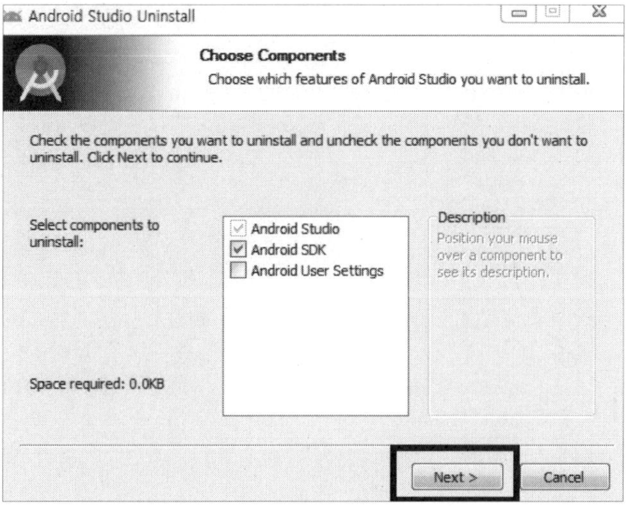

〈그림 52〉

〈그림 53〉과 같이 "Uninstall" 버튼을 클릭하면 Uninstall 될 것이다. 그러나, 꼭 필요한 경우에만 수행하고 본 교재에서는 생략하기로 한다.

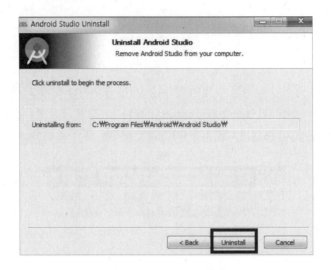

〈그림 53〉

이상으로 안드로이드 스튜디오(Android Studio) 재설치하기 실습을 마친다.

02

위젯 (Widgets)

위젯에는 TextView, Button 등이 있다. TextView는 화면상에 정보를 보여주기 위해 사용된다. TextView는 XML파일이나 Java파일에 생성할 수 있다. TextView는 편집이 불가능하지만, Text Fields에 있는 Plain Text(EditText)는 편집이 가능하다. Button은 Button, Small Button, RadioButton와 같은 여러 종류가 있다. 디자인 화면에서 버튼의 onClick속성에 원하는 함수 이름을 지정하여 연결할 수 있다. 이 함수는 버튼이 클릭되면 자동으로 호출되어 실행되는 함수이다. 이와 유사한 기능을 하는 ToggleButton, ImageButton, CheckBox, Switch 등도 있다. 이번 장에서는 버튼을 이용해서 화면간의 이동하는 방법과 버튼을 자동 클릭하는 방법을 알아본다.

2.1

텍스트뷰(TextView)

Java파일(MainActivity.java)에 TextView를 생성하는 방법을 실습하기 위해 〈그림 1〉과 같이
코드를 작성한 다음, 실행시킨다.

```
MainActivity.java
import android.os.Bundle;
import android.support.v7.app.AppCompatActivity;
import android.view.Menu;
import android.view.MenuItem;
import android.widget.TextView;
public class MainActivity extends AppCompatActivity {
    @Override
    protected void onCreate(Bundle savedInstanceState) {
        super.onCreate(savedInstanceState);
        TextView tv = new TextView(this);
        tv.setTextSize(50);
        tv.setText("TextView 출력");
        setContentView(tv);
        //setContentView(R.Layout.activity_main);
    }
```

〈그림 1〉

입력된 코드는 다음과 같다.

```
protected void onCreate(Bundle savedInstanceState) {
        super.onCreate(savedInstanceState);
        TextView tv = new TextView(this);  //ALT + Enter 키 누름
        tv.setTextSize(50);
        tv.setText("TextView 출력");
        setContentView(tv);
        //setContentView(R.layout.activity_main); //주석 처리된 문장
    }
```

위 코드에서 "import android.widget.TextView;"의 입력은 "TextView"에 커서를 위치시킨 다음, "ALT + Enter 키"를 동시에 눌러 자동으로 입력시킨다. 실행버튼을 눌러 실행시킨 결과는 ⟨그림 2⟩와 같다.

⟨그림 2⟩

XML파일(strings.xml, activity_main.xml)을 이용해 TextView를 생성하는 방법을 실습하기 위해 먼저, ⟨그림 3⟩과 같이 "strings.xml"의 내용을 수정한다.

⟨그림 3⟩

수정된 코드는 다음과 같다.

```
<resources>
    <string name="app_name">My Application</string>
    <string name="hello_world">TextView_XML 버전</string>//수정된 코드
    <string name="action_settings">Settings</string>
</resources>
```

이어서, 〈그림 4〉와 같이 "activity_main.xml" 파일의 내용을 수정하여 글자크기를 변경한다.

〈그림 4〉

입력된 코드는 다음과 같다.

```
<TextView android:text="@string/hello_world"
        android:layout_width="wrap_content"
        android:layout_height="wrap_content"

        android:textSize="50sp"      //글자크기 변경
/>
```

이어서, 〈그림 5〉와 같이 "MainActivity.java" 파일의 내용을 수정하여 XML파일(strings.xml, activity_main.xml)의 내용이 화면에 나타나도록 하다.

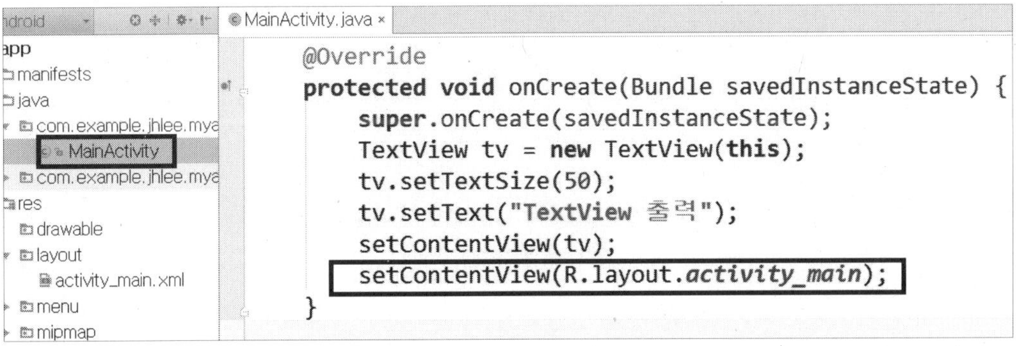

〈그림 5〉

```
protected void onCreate(Bundle savedInstanceState) {
    super.onCreate(savedInstanceState);
    TextView tv = new TextView(this);
    tv.setTextSize(50);
    tv.setText("TextView 출력");
    setContentView(tv);
    setContentView(R.layout.activity_main);  //주석처리 해제
}
```

실행버튼을 눌러 실행시킨 결과는 〈그림 6〉과 같다.

〈그림 6〉

2.2

버튼(Button)

새로운 프로젝트를 생성한 다음, 버튼을 실습하기 위해 〈그림 7〉과 같이 "activity_main.xml" 파일을 더블 클릭한다. 이어서, 아래쪽의 "Design" 을 클릭한다.

〈그림 7〉

참고로, 만약에 "Design" 을 클릭하였는데 화면 중앙에 스마트폰 그림이 나타나지 않는 경우는 〈그림 8〉과 같이 "Theme"를 클릭한다. 이어서, 원하는 형태의 Theme를 선택한 다음, "OK" 버튼을 클릭한다. "Design" 을 클릭했을 때 곧바로 화면에 스마트폰 그림이 나타난 경우는 〈그림 8〉 부분을 생략한다.

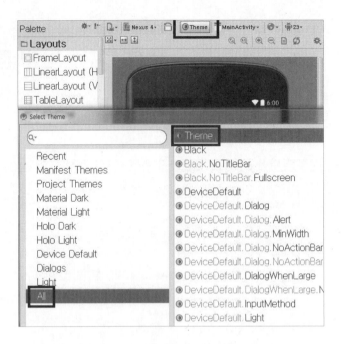

〈그림 8〉

〈그림 9〉와 같이 "Button"을 클릭한 채로 드래그 한 다음, 스마트 폰 그림위에 배치한다.

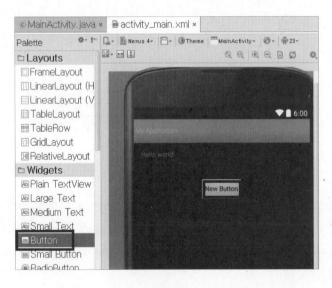

〈그림 9〉

버튼을 배치하여 자동으로 생성된 코드는 〈그림 10〉과 같다. 버튼의 "id"는 "button" 이다.

```xml
<TextView android:text="Hello world!" android:layout_
    android:layout_height="wrap_content"
    android:id="@+id/textView" />

<Button
    android:layout_width="wrap_content"
    android:layout_height="wrap_content"
    android:text="New Button"
    android:id="@+id/button"
    android:layout_below="@+id/textView"
    android:layout_centerHorizontal="true"
    android:layout_marginTop="43dp" />

</RelativeLayout>
```

〈그림 10〉

〈그림 11〉과 같이 "MainActivity.java" 파일을 더블 클릭한다. 이어서, 아래와 같이 코드를 입력한다.

```java
public class MainActivity extends AppCompatActivity {
    TextView tv;
    @Override
    protected void onCreate(Bundle savedInstanceState) {
        super.onCreate(savedInstanceState);
        setContentView(R.layout.activity_main);

        tv = (TextView)findViewById(R.id.textView);
        Button btn = (Button)findViewById(R.id.button);
        btn.setOnClickListener(new View.OnClickListener() {
            public void onClick(View v){
                //tv = new TextView(this);
                tv.setTextSize(50);
                tv.setText("버튼 클릭");
                //setContentView(tv);
            }
        });

    }

    @Override
```

프로젝트 트리:
- app
  - manifests
  - java
    - com.example.jhlee.m
      - MainActivity
    - com.example.jhlee.m
      - ApplicationTest
  - res
    - drawable
    - layout
      - activity_main.xml
    - menu
    - mipmap
    - values
      - dimens.xml (2)
      - strings.xml
      - styles.xml
  - Gradle Scripts

〈그림 11〉

```
public class MainActivity extends AppCompatActivity {
TextView tv;
@Override
protected void onCreate(Bundle savedInstanceState) {
    super.onCreate(savedInstanceState);
    setContentView(R.layout.activity_main);

    tv = (TextView)findViewById(R.id.textView);
    Button btn = (Button)findViewById(R.id.button);
    btn.setOnClickListener(new View.OnClickListener() {
        public void onClick(View v){
            tv.setTextSize(50);
            tv.setText("버튼 클릭");
        }
    });
}
```

참고로, 코드 입력도중에 "TextView"나 "Button" 등이 빨강색으로 글자가 변하면 해당 글자 중간을 클릭하여 커서를 위치시킨 다음, "ALT + Enter 키"를 눌러 관련된 클래스를 "import" 시킨다. 실행 버튼을 클릭하여 실행시킨 결과는 〈그림 12〉와 같다.

"New BUTTON" 이라는 버튼을 클릭하여 실행시킨 결과는 〈그림 13〉과 같다.

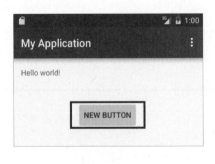

〈그림 12〉

〈그림 13〉

2.3 버튼을 이용한 화면이동

이번절의 실습은 앞 절의 프로젝트에 이어서 실습하기로 한다. 〈그림 14〉와 같이 "MainActivity .java" 파일을 클릭하여 선택한 다음, "CTRL + C"와 "CTRL + V" 키를 연속으로 누른다.

〈그림 14〉

"Copy class" 대화상자가 나타나면 〈그림 15〉와 같이 "Sub" 라고 입력한 다음, OK 버튼을 클릭한다.

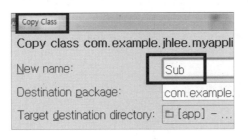

〈그림 15〉

〈그림 16〉과 같이 "activity_main.xml"에서 마우스 우측 버튼을 누른다. 이어서, "New"와 "Layout resource file" 메뉴를 차례로 클릭한다.

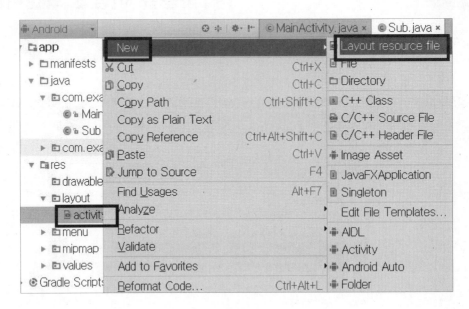

〈그림 16〉

"New Resource File" 대화상자가 나타나면, 〈그림 17〉와 같이 "sub" 라고 입력 한 다음 "OK"버튼을 클릭한다. (참고로, "sub"는 반드시 모두 소문자로 작성한다.)

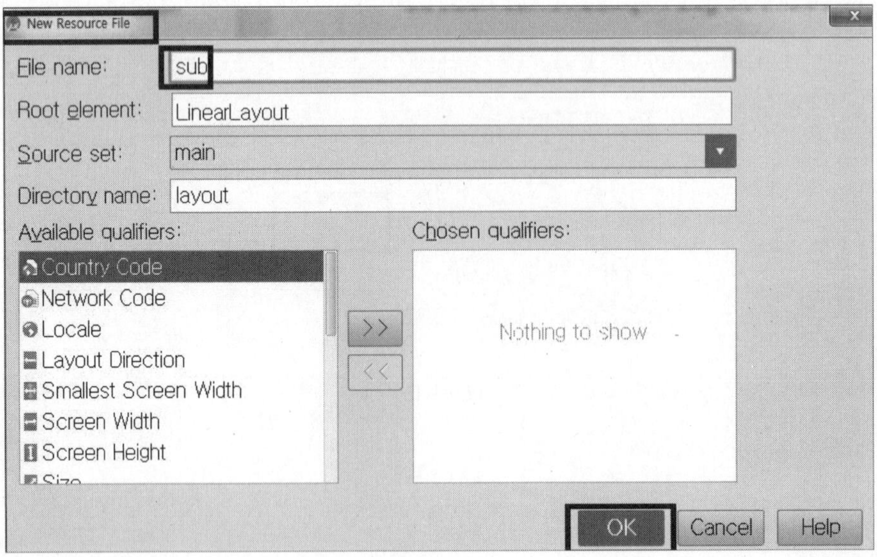

〈그림 17〉

〈그림 18〉과 같이 방금 추가된 "sub.xml" 파일의 "Text" 탭을 클릭한 다음, 코드를 추가한다.

〈그림 18〉

> **추가된 코드는 다음과 같다.**
>
> ```
> <TextView
>         android:layout_width="wrap_content"
>         android:layout_height="wrap_content"
>         android:text="Sub"
>         android:textSize="50sp"
>         android:id="@+id/textView2" />
> ```

〈그림 19〉와 같이 "MainActivity.java" 파일을 더블 클릭하여 선택한 다음, 코드를 수정한다. (참고로, 코드 입력도중에 "Intent" 등에 빨강색으로 글자가 변하면 해당 글자 중간을 클릭하여 커서를 위치시킨 다음, "ALT + Enter 키"를 누르고 "import class"를 선택하여 관련된 클래스를 "import" 시키면 된다. 만약 같은 방법으로 이전에 다른 클래스를 import시켰다면, "import class"라는 선택 드롭상자는 나타나지 않는다.)

```
manifests                import android.widget.Button;
java                     public class MainActivity extends AppCompatActivity {
  com.example.jh         //    TextView tv;
    MainActivity           @Override
    Sub                    protected void onCreate(Bundle savedInstanceState) {
  com.example.jh           super.onCreate(savedInstanceState);
res                        setContentView(R.layout.activity_main);
  drawable               //  tv = (TextView)findViewById(R.id.textView);
  layout                     Button btn = (Button)findViewById(R.id.button);
    activity_main.         btn.setOnClickListener(new View.OnClickListener() {
    sub.xml                  public void onClick(View v) {
  menu                   //    tv.setTextSize(50);
  mipmap                 //    tv.setText("버튼 클릭");
  values                       Intent intent = new Intent(getApplicationContext(), Sub.class);
Gradle Scripts                 startActivity(intent);
                             }
                           });
                         }

                           @Override
```

〈그림 19〉

"AndroidManifest.xml" 파일을 더블 클릭 한 다음, 〈그림 20〉과 같이 코드를 추가한다.

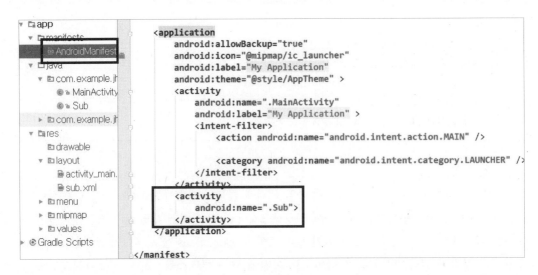

```
app                      <application
  manifests                  android:allowBackup="true"
    AndroidManifest          android:icon="@mipmap/ic_launcher"
  java                       android:label="My Application"
    com.example.jh           android:theme="@style/AppTheme" >
      MainActivity           <activity
      Sub                        android:name=".MainActivity"
    com.example.jh             android:label="My Application" >
  res                          <intent-filter>
    drawable                       <action android:name="android.intent.action.MAIN" />
    layout
      activity_main.               <category android:name="android.intent.category.LAUNCHER" />
      sub.xml                  </intent-filter>
    menu                     </activity>
    mipmap                   <activity
    values                       android:name=".Sub">
  Gradle Scripts           </activity>
                         </application>
                         </manifest>
```

〈그림 20〉

추가된 코드는 다음과 같다.

```
<activity
    android:name=".Sub">
</activity>
```

〈그림 21〉과 같이 "Sub.java" 파일을 더블 클릭 한 다음, 코드를 수정한다.

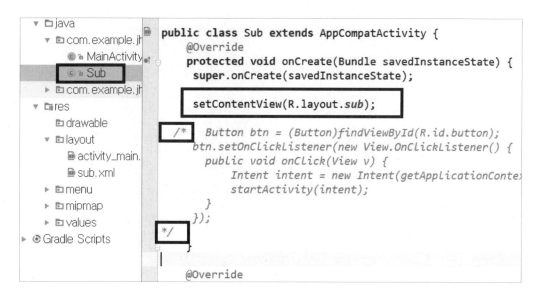

<그림 21>

수정된 코드는 다음과 같다. "/*" 는 블록 주석(여러 줄을 한꺼번에 주석 처리하여 주석 처리된 부분은 실행되지 않게 하는 방법)의 시작이고 "*/" 는 블록 주석의 끝이다.

```
setContentView(R.layout.sub);

/*   Button btn = (Button)findViewById(R.id.button);
     btn.setOnClickListener(new View.OnClickListener() {
       public void onClick(View v) {
           Intent intent = new Intent(getApplicationContext(), Sub.class);
           startActivity(intent);
       }
     });
*/
```

〈그림 22〉와 같이 "sub.xml" 파일을 더블 클릭 한 다음, "Button" 을 드래그 하여 작성한다.

〈그림 22〉

실행 버튼을 클릭하여 실행시킨 결과는 〈그림 23〉과 같다.

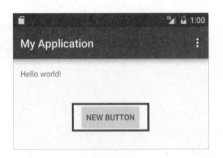

〈그림 23〉

"New Button" 버튼을 클릭하여 "Sub" 화면으로 이동시킨 결과는 〈그림 24〉와 같다.

〈그림 24〉

지금까지의 내용은 이동된 화면의 "NEW BUTTON"을 클릭하여도 반응을 하지 않는다. 이제 이 부분을 수정하여 이전 화면으로 다시 이동하는 작업을 할 것이다. 〈그림 25〉와 같이 앞에서 작성한 "sub.xml" 파일의 "New Button"이라는 버튼을 더블 클릭한다.

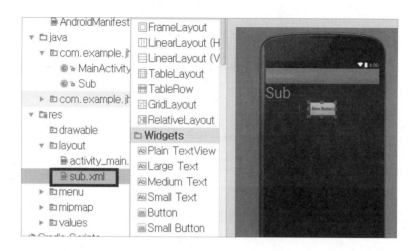

〈그림 25〉

〈그림 26〉과 같이 "Back" 이라고 수정한다.

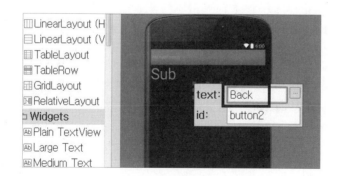

〈그림 26〉

〈그림 27〉과 같이 "Text" 탭을 선택한 다음, 코드를 수정한다.

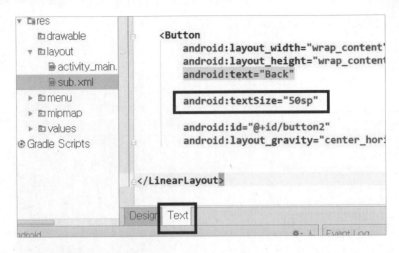

〈그림 27〉

수정된 코드는 다음과 같다.

```
<Button
        android:layout_width="wrap_content"
        android:layout_height="wrap_content"
        android:text="Back"

        android:textSize="50sp"

        android:id="@+id/button2"
        android:layout_gravity="center_horizontal" />
```

〈그림 28〉과 같이 "Sub.java" 파일을 더블 클릭하여 선택한 다음, 코드를 수정한다. (참고로, 코드 입력도중에 "Button" 등에 빨강색으로 글자가 변하면 해당 글자 중간을 클릭하여 커서를 위치시킨 다음, "ALT + Enter 키"를 누르고 "import class"를 선택하여 관련된 클래스를 "import" 시키면 된다. 만약 같은 방법으로 이전에 다른 클래스를 import시켰다면, "import class"라는 선택 드롭상자는 나타나지 않는다.)

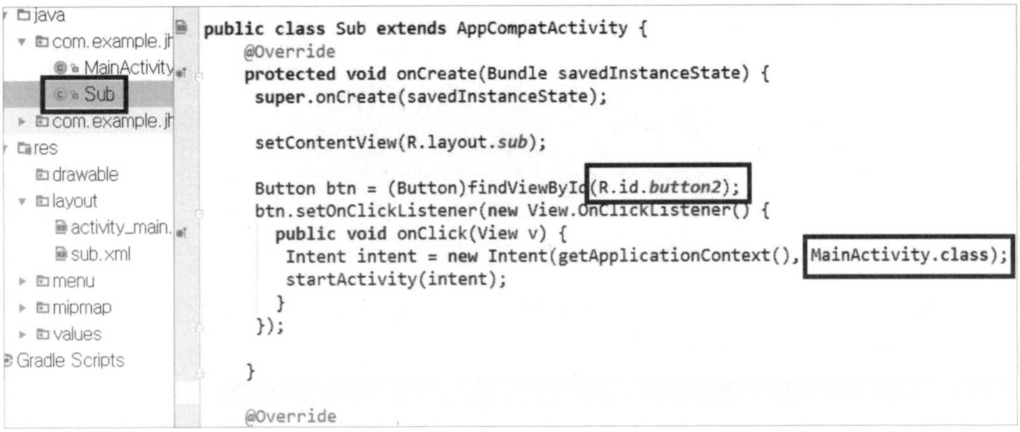

〈그림 28〉

수정된 코드는 다음과 같다.

```java
public class Sub extends AppCompatActivity {
    @Override
    protected void onCreate(Bundle savedInstanceState) {
     super.onCreate(savedInstanceState);

     setContentView(R.layout.sub);

     Button btn = (Button)findViewById(R.id.button2);
     btn.setOnClickListener(new View.OnClickListener() {
       public void onClick(View v) {
        Intent intent = new
            Intent(getApplicationContext(), MainActivity.class);
        startActivity(intent);
       }
     });
}
```

실행 버튼을 클릭하여 실행시킨 결과는 〈그림 29〉와 같다.

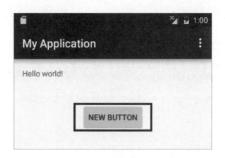

〈그림 29〉

"New Button" 버튼을 클릭하여 "Sub" 화면으로 이동시킨 결과는 〈그림 30〉과 같다.

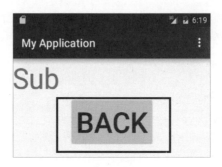

〈그림 30〉

"Back" 버튼을 클릭하여 "MainActivity" 화면으로 이동시킨 결과는 〈그림 31〉와 같다.

〈그림 31〉

이상으로 이번절의 실습을 마친다.

버튼 자동 클릭하기

2.4

새로운 프로젝트를 생성한 다음, 버튼을 실습하기 위해 〈그림 32〉와 같이 "activity_main.xml" 파일을 더블 클릭한다. 이어서, 아래쪽의 "Design"을 클릭한다.

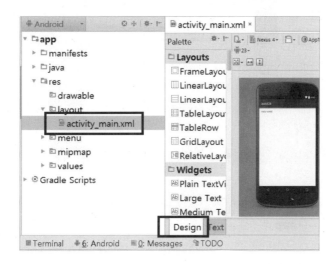

〈그림 32〉

〈그림 33〉과 같이 "Button"을 클릭한 채로 드래그 한 다음, 스마트 폰 그림위에 배치한다.

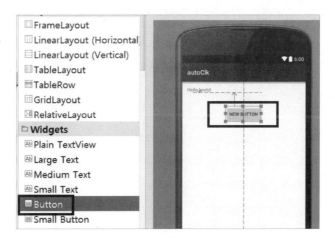

〈그림 33〉

앞의 〈그림 33〉에서 방금 새로 생성한 버튼을 더블 클릭한다. 〈그림 34〉와 같이 "text: 버튼자동 클릭", "id: btn" 이라고 작성한다.

〈그림 34〉

〈그림 35〉와 같이 "MainActivity.java" 파일을 더블 클릭한다.

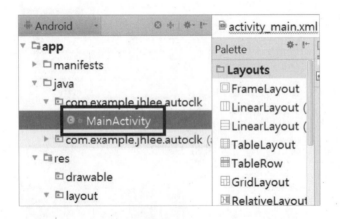

〈그림 35〉

〈그림 36〉과 같이 " public class MainActivity extends AppCompatActivity { } " 코드만 남기고 중간의 코드를 전부 선택해서 삭제한다.

```
public class MainActivity extends AppCompatActivity {

    @Override
    protected void onCreate(Bundle savedInstanceState) {
        super.onCreate(savedInstanceState);
        setContentView(R.layout.activity_main);
    }

    @Override
    public boolean onCreateOptionsMenu(Menu menu) {
        // Inflate the menu; this adds items to the action bar if it is present.
        getMenuInflater().inflate(R.menu.menu_main, menu);
        return true;
    }

    @Override
    public boolean onOptionsItemSelected(MenuItem item) {
        // Handle action bar item clicks here. The action bar will
        // automatically handle clicks on the Home/Up button, so Long
        // as you specify a parent activity in AndroidManifest.xml.
        int id = item.getItemId();

        //noinspection SimplifiableIfStatement
        if (id == R.id.action_settings) {
            return true;
        }

        return super.onOptionsItemSelected(item);
    }
}
```

〈그림 36〉

〈그림 37〉과 같이 코드를 작성한다. 참고로, 코드 입력도중에 빨강색으로 글자가 변하면 해당 글자 중간을 클릭하여 커서를 위치시킨 다음, "ALT + Enter 키"를 눌러 관련된 클래스를 "import" 시킨다.

```
import android.support.v7.app.AppCompatActivity;
import android.os.Bundle;
import android.view.View;
import android.widget.Button;
import android.widget.Toast;
public class MainActivity extends AppCompatActivity {
    Button autobtn;
    int cnt;
    @Override
    public void onCreate(Bundle savedInstanceState) {
        super.onCreate(savedInstanceState);
        setContentView(R.layout.activity_main);
        autobtn = (Button)findViewById(R.id.btn);
        autobtn.setOnClickListener(new Button.OnClickListener() {
            public void onClick(View v) {
                cnt++;
                Toast.makeText(getApplicationContext(), "클릭 수 : " + cnt, Toast.LENGTH_LONG).show();
            }
        });
        while(cnt <= 5) {
            autobtn.performClick();
        }
    }
}
```

〈그림 37〉

```
package com.example.jhlee.autoclk;
import android.support.v7.app.AppCompatActivity;
import android.os.Bundle;
import android.view.View;
import android.widget.Button;
import android.widget.Toast;
public class MainActivity extends AppCompatActivity {
Button autobtn;
int cnt;
@Override
public void onCreate(Bundle savedInstanceState) {
  super.onCreate(savedInstanceState);
  setContentView(R.layout.activity_main);
  autobtn = (Button)findViewById(R.id.btn);
  autobtn.setOnClickListener(new Button.OnClickListener() {
  public void onClick(View v) {
    cnt++;
    Toast.makeText(getApplicationContext(), "클릭 수 : " + cnt, Toast.
              LENGTH_LONG).show();
    }
   });
   while(cnt <= 5) {
      autobtn.performClick();
    }
 }
}
```

실행시킨 결과는 〈그림 38〉과 같다.

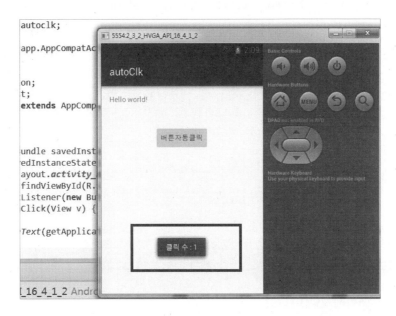

〈그림 38〉

자동으로 버튼이 클릭된 후에도 〈그림 39〉와 같이 수동으로 버튼을 클릭하면 클릭 수가 증가됨을 알 수 있다.

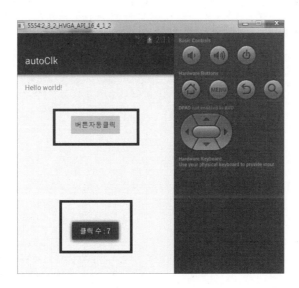

〈그림 39〉

이상으로 자동버튼클릭의 실습은 마치지만, 앞에서 사용된 Toast의 옵션에 대해 알아보도록 한다. 실습은 앞에 이어서 하기로 한다. 〈그림 40〉과 같이 코드를 추가한다.

```java
import android.view.View;
import android.widget.Button;
import android.widget.Toast;
public class MainActivity extends AppCompatActivity {
    Button autobtn;
    String PN, AC, BC;
    int cnt;
    @Override
    public void onCreate(Bundle savedInstanceState) {
        super.onCreate(savedInstanceState);
        setContentView(R.layout.activity_main);
        autobtn = (Button)findViewById(R.id.btn);
        autobtn.setOnClickListener(new Button.OnClickListener() {
            public void onClick(View v) {
                cnt++;
                PN = getApplicationContext().getPackageName();
                AC = getApplicationContext().toString();
                BC = getBaseContext().toString();
                Toast.makeText(getApplicationContext(), "클릭 수 : " + cnt, Toast.LENGTH_LONG).show();
                Toast.makeText(getApplicationContext(), "PackageName : " + PN , Toast.LENGTH_LONG).show();
                Toast.makeText(getApplicationContext(), "ApplicationContext : " + AC , Toast.LENGTH_LONG).show();
                Toast.makeText(getBaseContext(), "BaseContext : " + BC , Toast.LENGTH_LONG).show();
            }
        });
        while(cnt <= 5) {
            autobtn.performClick();
        }
    }
}
```

〈그림 40〉

```
package com.example.jhlee.autoclk;
import android.support.v7.app.AppCompatActivity;
import android.os.Bundle;
import android.view.View;
import android.widget.Button;
import android.widget.Toast;
public class MainActivity extends AppCompatActivity {
    Button autobtn;
    String PN, AC, BC;
    int cnt;
    @Override
    public void onCreate(Bundle savedInstanceState) {
        super.onCreate(savedInstanceState);
        setContentView(R.layout.activity_main);
        autobtn = (Button)findViewById(R.id.btn);
        autobtn.setOnClickListener(new Button.OnClickListener() {
            public void onClick(View v) {
                cnt++;
                PN = getApplicationContext().getPackageName();
                AC = getApplicationContext().toString();
                BC = getBaseContext().toString();
                Toast.makeText(getApplicationContext(), "클릭 수 : " +
                    cnt, Toast.LENGTH_LONG).show();
                Toast.makeText(getApplicationContext(), "PackageName : "
            + PN , Toast.LENGTH_LONG).show();
                Toast.makeText(getApplicationContext(), "Application
                    Context : " + AC , Toast.LENGTH_LONG).show();
                Toast.makeText(getBaseContext(), "BaseContext : " + BC ,
            Toast.LENGTH_LONG).show();
            }
        });
        while(cnt <= 5) {
            autobtn.performClick();
        }
    }
}
```

getApplicationContext()의 getPackageName() 메소드에 대한 실행결과는 그림 〈그림 41〉과 같다.

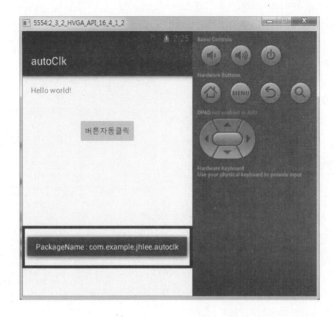

〈그림 41〉

getApplicationContext()에 대한 실행결과는 〈그림 42〉와 같다.

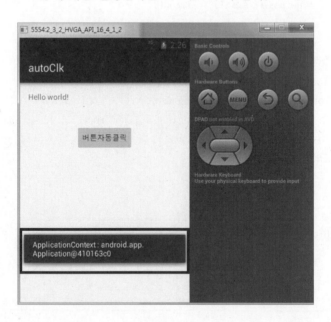

〈그림 42〉

getBaseContext()에 대한 실행결과는 〈그림 43〉과 같다.

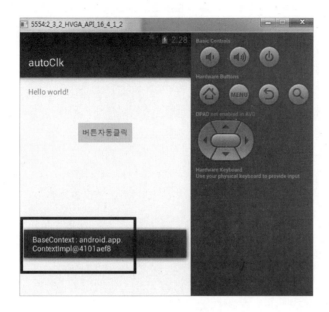

<그림 43>

이상으로 자동버튼클릭과 토스트 메시지의 실습을 마친다.

03
대화상자 (Dialog)

대화상자는 실행 시에 사용자에게 정보를 보여주거나 읽어 오고자 할 때 자주 사용된다. 대화상자 중에 경고 대화상자(AlertDialog)와 날짜선택 대화상자(DatePickerDialog)를 실습하기로 한다. 경고 대화상자를 생성하는데 사용되는 OnCreateDialog()메소드는 메소드 가운데에 줄이 그어지는 deprecated 메소드(중요도가 떨어져 앞으로 보완이나 업데이트 등이 제공되지 않는 메소드)이다. 이와 같은 메소드는 실행은 가능하지만 버전별 테스트(특히, 상위 버전)를 해보는 것이 필요한 메소드이다. 또한 앞으로 가능하면 사용하지 않을 것을 권장하지만, 기존에 제작된 응용에서는 많이 사용 중임으로 동작 방식을 이해할 필요가 있다. 날짜선택 대화상자(DatePickerDialog)도 실습해보기로 한다.

경고 대화상자(AlertDialog)

경고 대화상자의 작성을 위해 새로운 프로젝트를 작성하기로 한다. "Android Studio"를 더블 클릭하여 실행시킨다. 〈그림 1〉과 같이 "Start a new Android Studio project"를 더블 클릭한다.

〈그림 1〉

〈그림 2〉와 같이 "Application Name" 란에 "Dlg1" 이라고 입력 한 다음, "Next" 버튼을 클릭한다.

〈그림 2〉

〈그림 3〉과 같이 Minimum SDK를 "API 15: Android 4.0.3(IceCreamSand wich)"를 선택 한 다음 "Next" 버튼을 클릭한다. API레벨이 작을수록 더 많은 장치를 지원하지만, 기능 들은 더 적게 지원한다. API 15 레벨로 작성된 어플(app)은 "Google Play Store"의 장치중 약 94%에서 실행될 것이다.

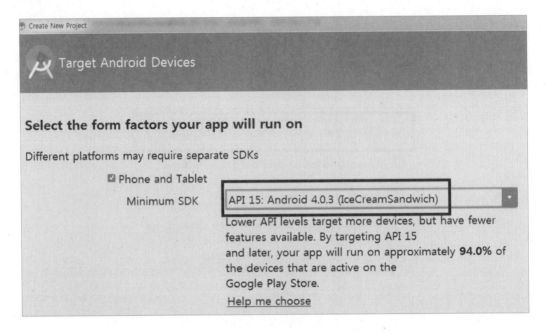

〈그림 3〉

〈그림 4〉와 같이 "Blank Activity"를 선택한 다음, "Next" 버튼을 클릭한다.

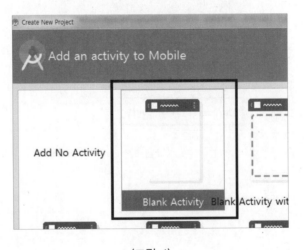

〈그림 4〉

이어서, "Finish" 버튼을 클릭한다. 〈그림 5〉와 같이 "Project", "Android", "res", "layout"을 차례로 클릭 한 다음, "activity_main.xml"을 더블 클릭한다.

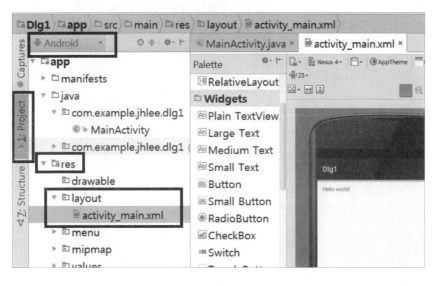

〈그림 5〉

〈그림 6〉과 같이 "Button"을 작성한다.

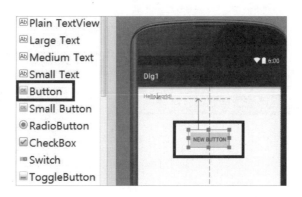

〈그림 6〉

방금 작성된 버튼을 더블 클릭 한 다음, 〈그림 7〉과 같이 "..." 박스를 클릭 한다.

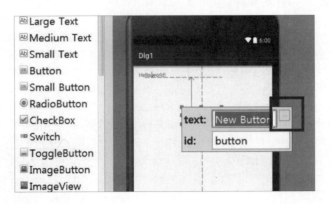

〈그림 7〉

〈그림 8〉과 같이 "Resource" 대화상자 아래쪽의 "New Resource"를 클릭 한 다음, "New String Value"를 클릭 한다.

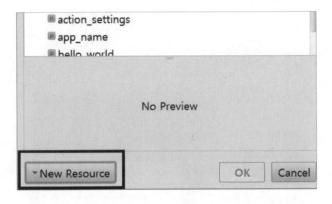

〈그림 8〉

〈그림 9〉와 같이 "Quit"와 "App Finish?" 라고 입력 한 다음, "OK" 버튼을 클릭한다.

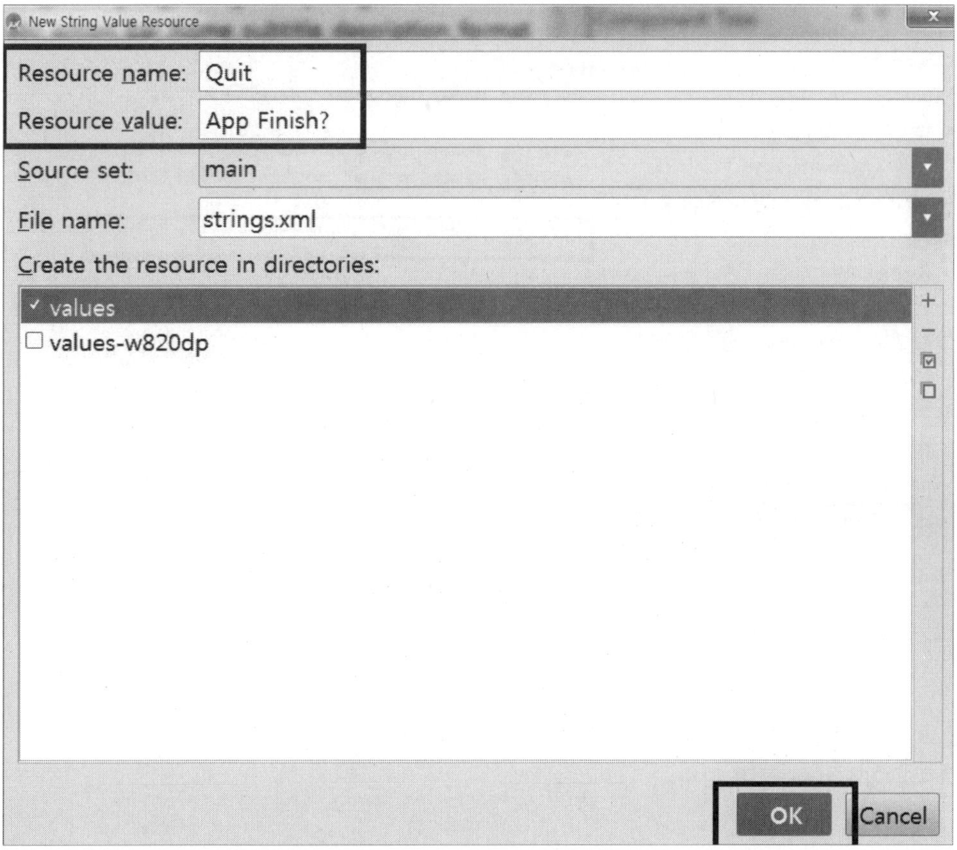

〈그림 9〉

참고로, 방금 작성한 내용은 〈그림 10〉과 같이 "String.xml" 파일에 작성된다.

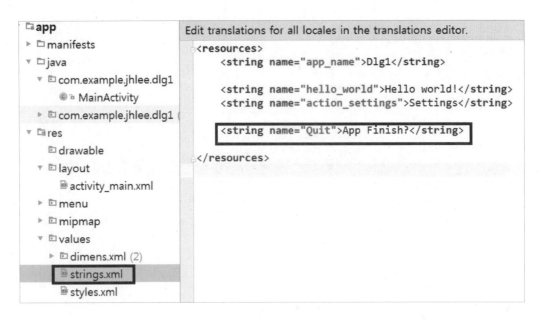

〈그림 10〉

버튼의 색을 변경하기 위해 〈그림 11〉과 같이 "activity_main_xml" 파일을 더블 클릭 한 다음,
아래쪽의 "Text"를 클릭 한다.

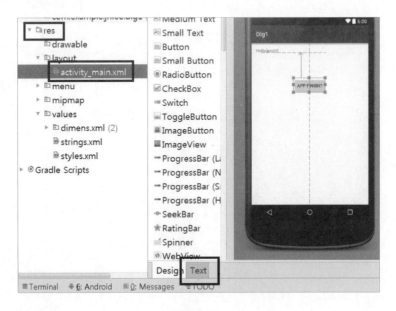

〈그림 11〉

〈그림 12〉와 같이 android:background="#ffff00" 을 입력한다.

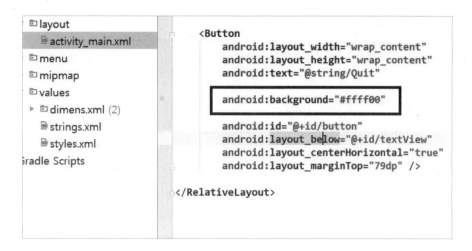

〈그림 12〉

이번에는 버튼의 텍스트 크기를 크게 하기위해, 〈그림 13〉과 같이 android: textSize="50sp" 을
입력한다.

〈그림 13〉

〈그림 14〉와 같이 "MainActivity" 를 더블 클릭 한 다음, 오른쪽 코드 입력창에 표시한 사각형의
빈 영역 위치 안에 코드를 작성한다.

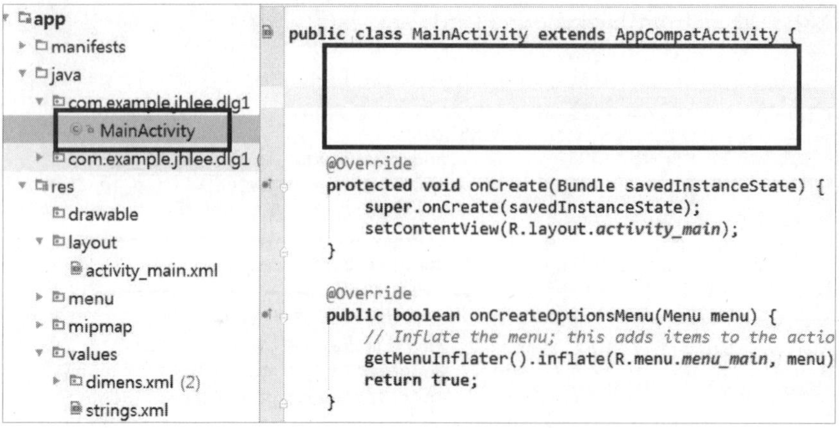

〈그림 14〉

입력된 코드는 〈그림 15〉와 같다. (참고로, 코드 입력도중 "onCreateDialog" 등에 빨강색으로 글자가 변하면 해당 글자 중간을 클릭하여 커서를 위치시킨 다음, "ALT + Enter 키"를 누른다. 만약 한번에 import되지 않고 "import class" 등이 나타나면 관련된 클래스를 선택하여 "import" 시키면 된다. 만약 같은 방법으로 이전에 다른 클래스를 import시켰다면, "import class"라는 선택 드롭상자는 나타나지 않는다. 아래쪽에 최종 import된 파일을 명시할 것임으로 참조하면 된다.)

```java
public class MainActivity extends AppCompatActivity {
    private static final int DLG_TYPE = 1;
    @Override
    protected Dialog onCreateDialog(int id) {
        switch (id) {
            case DLG_TYPE:
                AlertDialog.Builder bldr = new AlertDialog.Builder(this);
                bldr.setTitle("AlertDialog")
                        .setMessage("Finish?")
                        .setCancelable(false)
                        .setPositiveButton("Yes",
                                new DialogInterface.OnClickListener() {
                                    public void onClick(DialogInterface Dlg, int BtnPos) {
                                        MainActivity.this.finish();
                                    }
                                })
                        .setNegativeButton("No",
                                new DialogInterface.OnClickListener() {
                                    public void onClick(DialogInterface Dlg, int BtnPos) {
                                        Dlg.cancel();
                                    }
                                });
                AlertDialog aDlg = bldr.create();
                return aDlg;
        }
        return null;
    }

    @Override
```

〈그림 15〉

```
private static final int DLG_TYPE = 1;
 @Override
 protected Dialog onCreateDialog(int id) {
      switch (id) {
          case DLG_TYPE:
              AlertDialog.Builder bldr = new AlertDialog.Builder(this);
              bldr.setTitle("AlertDialog")
                 .setMessage("Finish?")
                 .setCancelable(false)
                 .setPositiveButton("Yes",
                   new DialogInterface.OnClickListener() {
                   public void onClick(DialogInterface Dlg, int BtnPos) {
                              MainActivity.this.finish();
                          }
                 })
                 .setNegativeButton("No",
                   new DialogInterface.OnClickListener() {
                   public void onClick(DialogInterface Dlg, int BtnPos) {
                              Dlg.cancel();
                          }
                 });
          AlertDialog aDlg = bldr.create();
          return aDlg;
      }
      return null;
 }
```

이어서, 〈그림 16〉와 같이 "onCreate" 함수 안에 코드를 추가한다.

```java
@Override
protected void onCreate(Bundle savedInstanceState) {
    super.onCreate(savedInstanceState);
    setContentView(R.layout.activity_main);

    Button b = (Button) findViewById(R.id.button);
    b.setOnClickListener(new View.OnClickListener() {
        @Override
        public void onClick(View v) {
            showDialog(DLG_TYPE);
        }
    });

}
```

〈그림 16〉

방금 입력된 코드는 다음과 같다.

```java
Button b = (Button) findViewById(R.id.button);
b.setOnClickListener(new View.OnClickListener() {
  @Override
   public void onClick(View v) {
      showDialog(DLG_TYPE);
   }
});
```

앞의 프로그램 작성도중 import된 최종 파일은 〈그림 17〉과 같다.

```java
import android.app.AlertDialog;
import android.app.Dialog;
import android.content.DialogInterface;
import android.support.v7.app.AppCompatActivity;
import android.os.Bundle;
import android.view.Menu;
import android.view.MenuItem;
import android.view.View;
import android.widget.Button;

public class MainActivity extends AppCompatActivity {
```

〈그림 17〉

import된 최종 파일은 아래와 같다.

```
import android.app.AlertDialog;
import android.app.Dialog;
import android.content.DialogInterface;
import android.support.v7.app.AppCompatActivity;
import android.os.Bundle;
import android.view.Menu;
import android.view.MenuItem;
import android.view.View;
import android.widget.Button;
```

실행 버튼을 클릭하여 실행시킨 결과는 〈그림 18〉과 같다.

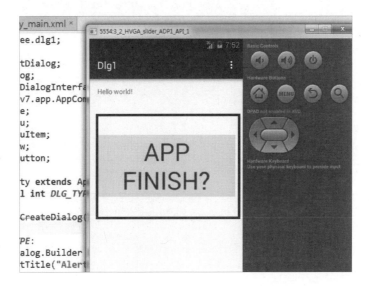

〈그림 18〉

〈그림 19〉와 같이 "No", "Yes" 버튼을 각각 클릭해 본다. "No"버튼을 클릭하면 대화상자가 종료되고, "Yes" 버튼을 클릭하면 응용 전체가 종료된다.

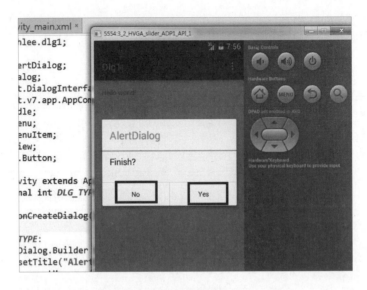

〈그림 19〉

이상으로 경고 대화상자의 실습을 마친다.

날짜선택 대화상자(DatePickerDialog)

3.2

날짜선택 대화상자의 작성을 위해 새로운 프로젝트를 작성하기로 한다. "Android Studio"를 더블 클릭하여 실행시킨다. 〈그림 20〉과 같이 "Start a new Android Studio project"를 더블 클릭한다.

〈그림 20〉

〈그림 21〉과 같이 "Application Name" 란에 "DatePickerDlg" 라고 입력 한 다음, "Next" 버튼을 클릭한다.

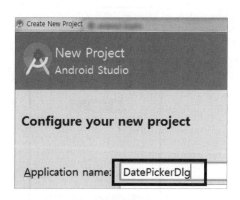

〈그림 21〉

〈그림 22〉와 같이 Minimum SDK를 "API 15: Android 4.0.3(IceCreamSand wich)"를 선택 한 다음 "Next" 버튼을 클릭한다. API레벨이 작을수록 더 많은 장치를 지원하지만, 기능 들은 더 적게 지원한다. API 15 레벨로 작성된 어플(app)은 "Google Play Store"의 장치중 약 94%에서 실행될 것이다.

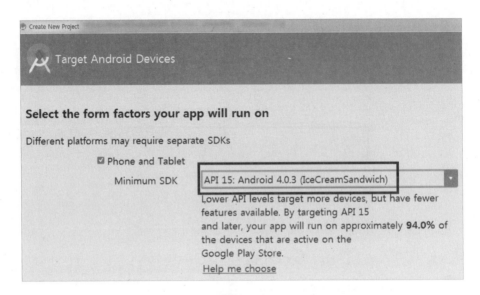

〈그림 22〉

〈그림 23〉과 같이 "Blank Activity"를 선택한 다음, "Next" 버튼을 클릭한다.

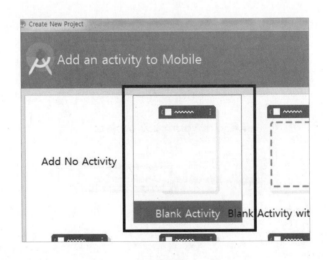

〈그림 23〉

이어서, "Finish" 버튼을 클릭한다. 〈그림 24〉와 같이 "Project", "Android", "res", "layout"을 차례로 클릭 한 다음, "activity_main.xml"을 더블 클릭한다.

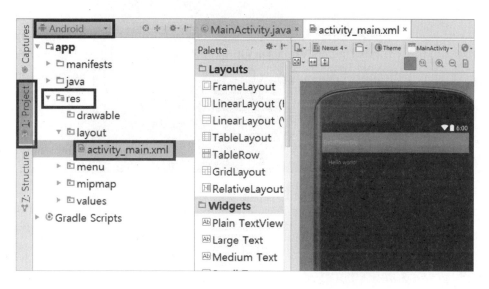

〈그림 24〉

〈그림 25〉와 같이 "Button"을 작성한다.

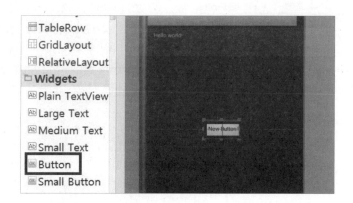

〈그림 25〉

방금 작성된 버튼을 더블 클릭 한 다음, 〈그림 26〉과 같이 "Date Setting" 이라고 입력 한다.

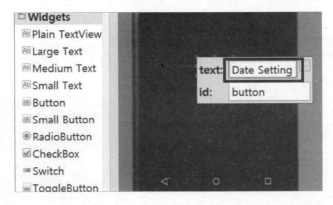

〈그림 26〉

버튼의 색을 변경하기 위해 〈그림 27〉과 같이 "activity_main_xml" 파일을 더블 클릭 한 다음, 아래쪽의 "Text"를 클릭 한다.

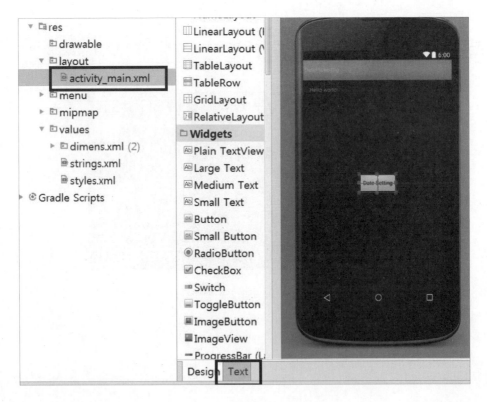

〈그림 27〉

〈그림 28〉와 같이 android:background="#ffff00" 을 입력한다.

〈그림 28〉

이번에는 버튼의 텍스트 크기를 크게 하기위해, 〈그림 29〉와 같이 android: textSize="50sp" 을 입력한다.

〈그림 29〉

〈그림 30〉와 같이 "MainActivity" 를 더블 클릭 한 다음, 오른쪽 코드 입력창에 표시한 사각형의 빈 영역 위치 안에 코드를 작성한다.

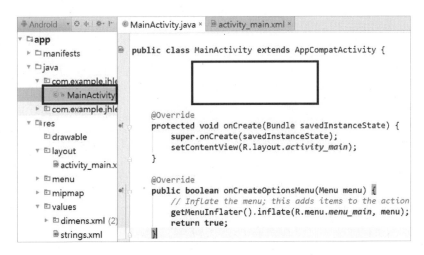

〈그림 30〉

입력된 코드는 〈그림 31〉와 같다. (참고로, 코드 입력도중 "Calendar" 등에 빨강색으로 글자가 변하면 해당 글자 중간을 클릭하여 커서를 위치시킨 다음, "ALT + Enter 키"를 누른다. 만약 한 번에 import되지 않고 "import class" 등이 나타나면 관련된 클래스를 선택하여 "import" 시키면 된다. 만약 같은 방법으로 이전에 다른 클래스를 import시켰다면, "import class"라는 선택 드롭상자는 나타나지 않는다. 아래쪽에 최종 import된 파일을 명시할 것임으로 참조하면 된다.)

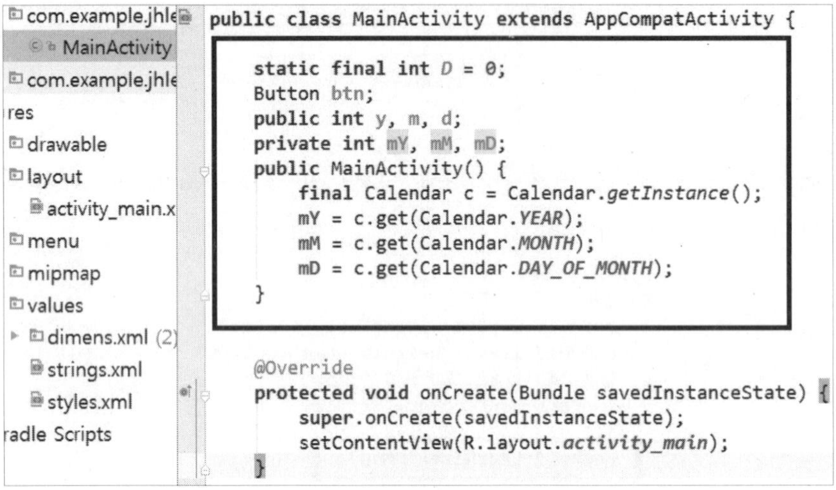

〈그림 31〉

방금 입력된 코드는 다음과 같다.

```
static final int D = 0;
Button btn;
public int y, m, d;
private int mY, mM, mD;
public MainActivity() {
        final Calendar c = Calendar.getInstance();
        mY = c.get(Calendar.YEAR);
        mM = c.get(Calendar.MONTH);
        mD = c.get(Calendar.DAY_OF_MONTH);
}
```

이어서, 〈그림 32〉와 같이 "onCreate" 함수 안에 코드를 추가한다.

```
                    @Override
ests                protected void onCreate(Bundle savedInstanceState) {
                        super.onCreate(savedInstanceState);
n.example.jhle          setContentView(R.layout.activity_main);

  MainActivity         ┌────────────────────────────────────────────────┐
n.example.jhle         │ btn = (Button) findViewById(R.id.button);      │
                       │ btn.setOnClickListener(new View.OnClickListener() {
                       │     public void onClick(View v) {               │
wable                  │         showDialog(D);                          │
ɔut                    │     }                                           │
                       │ });                                             │
ctivity_main.x         └────────────────────────────────────────────────┘
nu                  }

omap
                    @Override
```

〈그림 32〉

방금 입력된 코드는 다음과 같다.

```
btn = (Button) findViewById(R.id.button);
btn.setOnClickListener(new View.OnClickListener() {
 public void onClick(View v) {
    showDialog(D);
 }
});
```

이어서, 〈그림 33〉과 같이 "onCreate" 함수 바로 아래쪽에 코드를 추가한다.

```
            public void onClick(View v) {
                showDialog(D);
            }
        });
    }

    private DatePickerDialog.OnDateSetListener Listener = new DatePickerDialog.OnDateSetListener() {
        public void onDateSet(DatePicker view, int y1, int m1, int d1) {
            y = y1;
            m = m1;
            d = d1;
            Toast.makeText(getApplicationContext(), "Date: " + y + "-" + m + "-" + d,
                    Toast.LENGTH_SHORT).show();
        }
    };

    @Override
    protected Dialog onCreateDialog(int id) {
        switch (id) {
            case D:
                return new DatePickerDialog(this, Listener, mY, mM, mD);
        }
        return null;
    }

    @Override
    public boolean onCreateOptionsMenu(Menu menu) {
```

〈그림 33〉

방금 입력된 코드는 다음과 같다.

```
private DatePickerDialog.OnDateSetListener Listener = new
DatePickerDialog.OnDateSetListener() {
 public void onDateSet(DatePicker view, int y1, int m1, int d1) {
  y = y1;
  m = m1;
  d = d1;
Toast.makeText(getApplicationContext(), "Date: " + y + "-" + m + "-" + d,
        Toast.LENGTH_SHORT).show();
   }
 };


@Override
protected Dialog onCreateDialog(int id) {
 switch (id) {
    case D:
        return new DatePickerDialog(this, Listener, mY, mM, mD);
 }
    return null;
}
```

앞의 프로그램 작성도중 import된 최종 파일은 〈그림 34〉와 같다.

```
import android.app.DatePickerDialog;
import android.app.Dialog;
import android.support.v7.app.AppCompatActivity;
import android.os.Bundle;
import android.view.Menu;
import android.view.MenuItem;
import android.view.View;
import android.widget.Button;
import android.widget.DatePicker;
import android.widget.Toast;
import java.util.Calendar;
```

〈그림 34〉

import된 최종 파일은 아래와 같다.

```
import android.app.DatePickerDialog;

import android.app.Dialog;

import android.support.v7.app.AppCompatActivity;

import android.os.Bundle;

import android.view.Menu;

import android.view.MenuItem;

import android.view.View;

import android.widget.Button;

import android.widget.DatePicker;

import android.widget.Toast;

import java.util.Calendar;
```

실행 버튼을 클릭하여 실행시킨 결과는 〈그림 35〉와 같다.

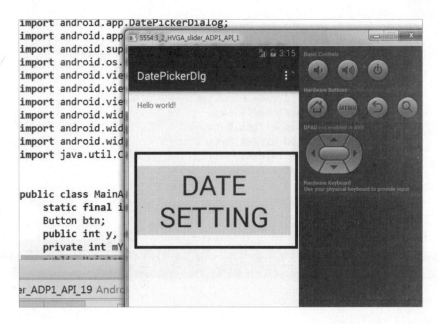

〈그림 35〉

"Date Setting" 버튼을 클릭 한 다음 〈그림 36〉과 같이 날짜를 변경한 다음, "Done" 버튼을 클릭한다.

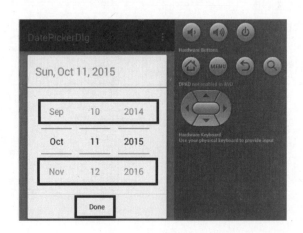

〈그림 36〉

〈그림 37〉과 같이 설정된 날짜가 출력된다.

〈그림 37〉

이상으로 날짜선택 대화상자의 실습을 마친다.

04

위젯 (Widgets) Ⅱ

4장에서는 프로그래스바(ProgressBar)와 스위치(Switch), 입력박스(EditText), 체크상자(CheckBox), 라디오버튼(RadioButton) 등의 위젯에 대해 실습하기로 한다. 프로그래스바는 Large, Normal, Small, Horizontal 과 같이 다양한 형태 가 있다. 스위치는 다양한 항목 중에 조건에 만족되는 항목만 수행하고자 할 때 if문과 유사하게 사용될 수 있는 위젯이다. 입력 박스는 사용자로부터 프로그램 수행 중에 데이터를 입력 받거나 수정이 가능한 형태이다. 체크 상자는 다양한 항목을 동시에 여러 개 선택 가능하게 할 때 사용될 수 있다. 라디오 버튼은 같은 그룹에 속하는 항목 중에 단 한 개만 선택 가능한 형태이다.

4.1 프로그래스바(ProgressBar)

프로그래스바의 작성을 위해 새로운 프로젝트를 작성하기로 한다. "Android Studio"를 더블 클릭하여 실행시킨다. 〈그림 1〉과 같이 "Start a new Android Studio project"를 더블 클릭한다.

〈그림 1〉

〈그림 2〉와 같이 "Application Name" 란에 "ProgressBar8" 이라고 입력 한 다음, "Next" 버튼을 클릭한다.

〈그림 2〉

〈그림 3〉과 같이 Minimum SDK를 "API 15: Android 4.0.3(IceCreamSand wich)"를 선택 한 다음 "Next" 버튼을 클릭한다.

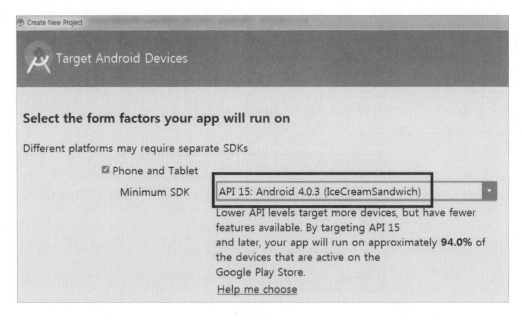

〈그림 3〉

〈그림 4〉와 같이 "Blank Activity"를 선택한 다음, "Next" 버튼을 클릭한다.

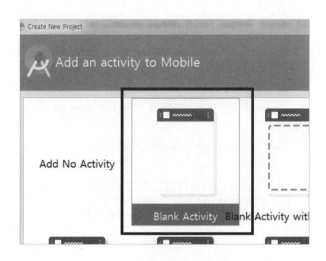

〈그림 4〉

이어서, "Finish" 버튼을 클릭한다. 〈그림 5〉와 같이 "Project", "Android", "res", "layout"을 차례로 클릭 한 다음, "activity_main.xml"을 더블 클릭한다.

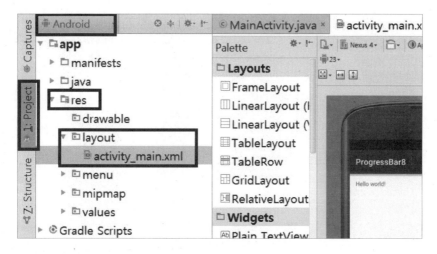

〈그림 5〉

〈그림 6〉과 같이 "ProgressBar"를 작성한다.

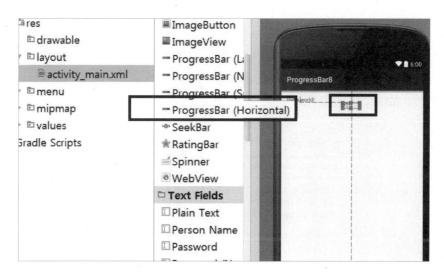

〈그림 6〉

프로그래스바의 색을 변경하기 위해 〈그림 7〉과 같이 "activity_main_xml" 파일을 더블 클릭한 다음, 아래쪽의 "Text"를 클릭 한다.

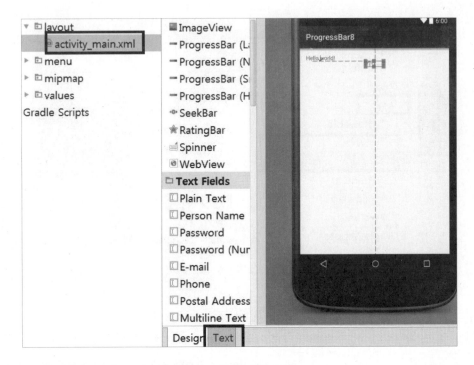

〈그림 7〉

〈그림 8〉과 같이 android:background="#ffff00" 을 입력한다.

〈그림 8〉

이번에는 프로그래스바를 크게 하기위해, 〈그림 9〉와 같이 android:min Height="80dp"와 android:layout_width="fill_parent"를 입력한다.

〈그림 9〉

〈그림 10〉과 같이 "MainActivity"를 더블 클릭 한 다음, 오른쪽 코드 입력창에 표시한 사각형의 빈 영역 위치 안에 코드를 작성한다.

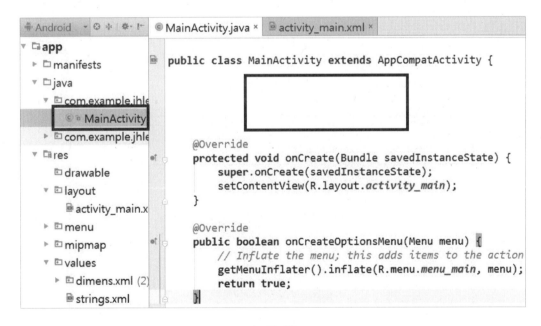

〈그림 10〉

입력된 코드는 〈그림 11〉과 같다. (참고로, 코드 입력도중 "ProgressBar" 등에 빨강색으로 글자가 변하면 해당 글자 중간을 클릭하여 커서를 위치시킨 다음, "ALT + Enter 키"를 누른다.

```
public class MainActivity extends AppCompatActivity {

    private ProgressBar mPb;
    private int mPval = 0;
    private Handler mHdler = new Handler();


    @Override
    protected void onCreate(Bundle savedInstanceState) {
        super.onCreate(savedInstanceState);
        setContentView(R.layout.activity_main);
    }
```

〈그림 11〉

방금 입력된 코드는 다음과 같다.

```
private ProgressBar mPb;
private int mPval = 0;
private Handler mHdler = new Handler();
```

이어서, 〈그림 12〉와 같이 "onCreate" 함수 안에 코드를 추가한다.

```
        super.onCreate(savedInstanceState);
        setContentView(R.layout.activity_main);

        mPb = (ProgressBar) findViewById(R.id.progressBar);
// Start lengthy operation in a background thread
        new Thread(new Runnable() {
            public void run() {
                while (mPval < 200) {
                    mPval = call();
// Update the progress bar
                    mHdler.post(new Runnable() {
                        public void run() {mPb.setProgress(mPval);  }
                    });
                    try {
                        Thread.sleep(1000);
                    } catch (InterruptedException e) {
                        e.printStackTrace();
                    }
                    if(mPval >= 200) mPval = 0;
                }
            }
        }).start();

    }
```

〈그림 12〉

방금 입력된 코드는 다음과 같다.

```
protected void onCreate(Bundle savedInstanceState) {
super.onCreate(savedInstanceState);
setContentView(R.layout.activity_main);

mPb = (ProgressBar) findViewById(R.id.progressBar);
// Start lengthy operation in a background thread
new Thread(new Runnable() {
public void run() {
while (mPval < 200) {
mPval = cal();
// Update the progress bar
mHdler.post(new Runnable() {
public void run() {mPb.setProgress(mPval);     }
});
try {
Thread.sleep(1000);
} catch (InterruptedException e) {
e.printStackTrace();
}
if(mPval >= 200) mPval = 0;
}
}
}).start();
}
```

이어서, 〈그림 13〉과 같이 "onCreate" 함수 바로 아래쪽에 코드를 추가한다.

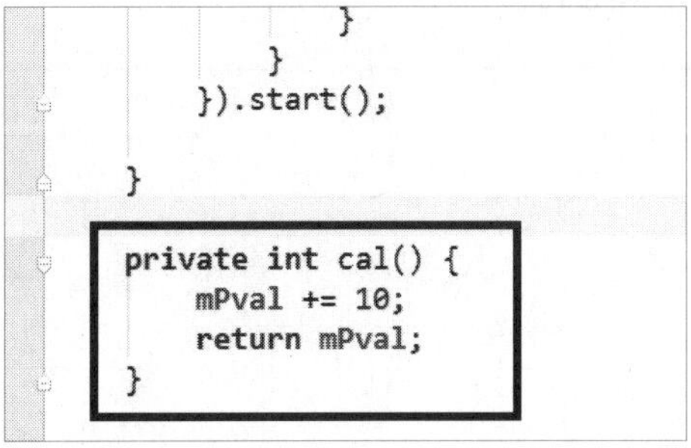

〈그림 13〉

```
private int cal()
{
        mPval += 10;
        return mPval;
}
```

앞의 프로그램 작성도중 import된 최종 파일은 〈그림 14〉와 같다.

```
import android.os.Handler;
import android.support.v7.app.AppCompatActivity;
import android.os.Bundle;
import android.view.Menu;
import android.view.MenuItem;
import android.widget.ProgressBar;
```

〈그림 14〉

```
package com.example......progressbar8;

import android.os.Handler;

import android.support.v7.app.AppCompatActivity;

import android.os.Bundle;

import android.view.Menu;

import android.view.MenuItem;

import android.widget.ProgressBar;
```

실행 버튼을 클릭하여 실행시킨 결과는 〈그림 15〉와 같다.

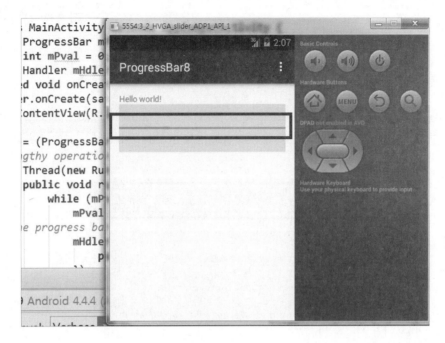

〈그림 15〉

이상으로 프로그래스바의 실습을 마친다.

스위치(Switch)

스위치의 작성을 위해 새로운 프로젝트를 작성하기로 한다. "Android Studio"를 더블 클릭하여 실행시킨다. 〈그림 16〉과 같이 "Start a new Android Studio project"를 더블 클릭한다.

〈그림 16〉

〈그림 17〉과 같이 "Application Name" 란에 "Switch1" 이라고 입력 한 다음, "Next" 버튼을 클릭한다.

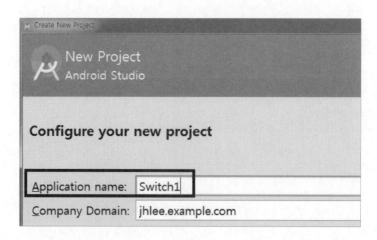

〈그림 17〉

〈그림 18〉과 같이 Minimum SDK를 "API 15: Android 4.0.3(IceCreamSand wich)"를 선택 한 다음 "Next" 버튼을 클릭한다.

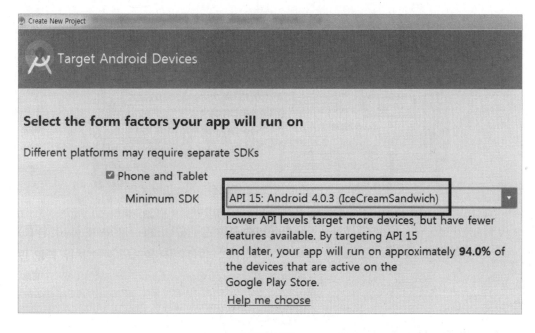

〈그림 18〉

〈그림 19〉와 같이 "Blank Activity"를 선택한 다음, "Next" 버튼을 클릭한다.

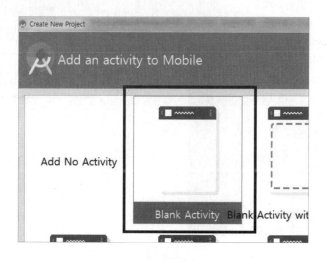

〈그림 19〉

이어서, "Finish" 버튼을 클릭한다. 〈그림 20〉과 같이 "Project", "Android", "res", "layout"을 차례로 클릭 한 다음, "activity_main.xml"을 더블 클릭한다.

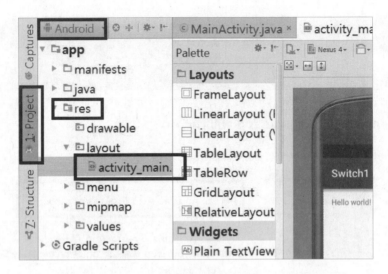

〈그림 20〉

〈그림 21〉과 같이 "Switch"를 작성한다.

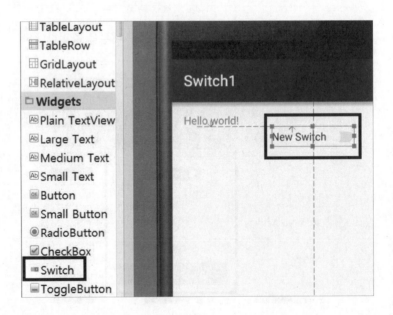

〈그림 21〉

"Hello World!"라는 TextView를 클릭하여 제거한 다음, 〈그림 22〉와 같이 앞서 작성된 Switch를 더블 클릭한다.

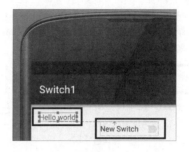

〈그림 22〉

〈그림 23〉과 같이 id에 "sw"라고 입력한다.

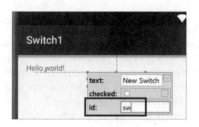

〈그림 23〉

스위치의 색을 변경하기 위해 〈그림 24〉와 같이 아래쪽의 "Text"를 클릭 한다.

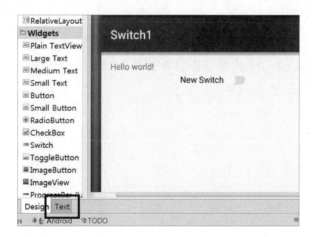

〈그림 24〉

〈그림 25〉와 같이 android:background="#ff00ff" 을 입력한다.

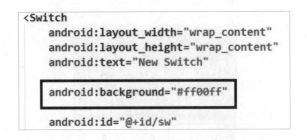

〈그림 25〉

스위치를 크게 하기위해, 〈그림 26〉과 같이 android:layout_width= "match_parent"와 android :height="80dp", android:textSize="30dp"를 입력한다.

〈그림 26〉

〈그림 27〉과 같이 "MainActivity" 를 더블 클릭 한 다음, 오른쪽 코드 입력창에 표시한 사각형의 빈 영역 위치 안에 코드를 작성한다.

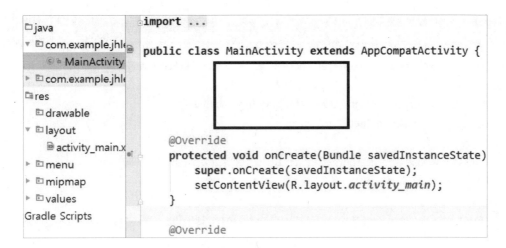

〈그림 27〉

입력된 코드는 〈그림 28〉과 같다. (참고로, 코드 입력도중 "Toast" 등에 빨강색으로 글자가 변하면 해당 글자 중간을 클릭하여 커서를 위치시킨 다음, "ALT + Enter 키"를 누른다.

```java
public class MainActivity extends AppCompatActivity {

    public class MySwitchChangeListener implements
            Switch.OnCheckedChangeListener {
        @Override
        public void onCheckedChanged(CompoundButton btn, boolean chk) {
            String title = btn.getText().toString();
            if(chk){
                Toast.makeText(btn.getContext(), title + " on",
                        Toast.LENGTH_LONG).show();
            }
            else{
                Toast.makeText(btn.getContext(), title + " off",
                        Toast.LENGTH_LONG).show();
            }
        }
    }

    @Override
    protected void onCreate(Bundle savedInstanceState) {
        super.onCreate(savedInstanceState);
```

〈그림 28〉

```
public class MySwitchChangeListener implements Switch.OnChecked ChangeListener {
 @Override
  public void onCheckedChanged(CompoundButton btn, boolean chk) {
   String title = btn.getText().toString();
   if(chk){
     Toast.makeText(btn.getContext(), title + " on", Toast.LENGTH_LONG).show();
   }
   else{
    Toast.makeText(btn.getContext(),title+" off",Toast.LENGTH_ LONG).show ()
   }
  }
}
```

이어서, 〈그림 29〉와 같이 "onCreate" 함수 안에 코드를 추가한다.

```
@Override
protected void onCreate(Bundle savedInstanceState) {
    super.onCreate(savedInstanceState);
    setContentView(R.layout.activity_main);

    Switch sw1;
    sw1 = (Switch) findViewById(R.id.sw);
    sw1.setOnCheckedChangeListener(new MySwitchChangeListener());
}
```

〈그림 29〉

```
Switch sw1;
sw1 = (Switch) findViewById(R.id.sw);
sw1.setOnCheckedChangeListener(new MySwitchChangeListener());
```

앞의 프로그램 작성도중 import된 최종 파일은 〈그림 30〉과 같다.

```
import android.support.v7.app.AppCompatActivity;
import android.os.Bundle;
import android.view.Menu;
import android.view.MenuItem;
import android.widget.CompoundButton;
import android.widget.Switch;
import android.widget.Toast;
```

〈그림 30〉

import된 최종 파일은 아래와 같다.

```
import android.support.v7.app.AppCompatActivity;

import android.os.Bundle;

import android.view.Menu;

import android.view.MenuItem;

import android.widget.CompoundButton;

import android.widget.Switch;

import android.widget.Toast;
```

실행 버튼을 클릭하여 실행시킨 결과는 〈그림 31〉과 같다.

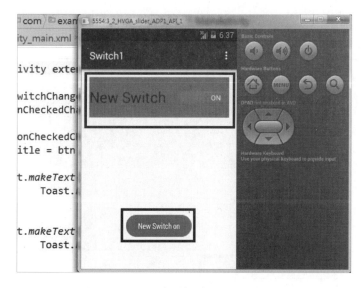

〈그림 31〉

이상으로 스위치의 실습을 마친다.

입력박스(EditText)

입력박스의 작성을 위해 새로운 프로젝트를 작성하기로 한다. "Android Studio"를 더블 클릭하여 실행시킨다. 〈그림 32〉와 같이 "Start a new Android Studio project"를 더블 클릭한다.

〈그림 32〉

〈그림 33〉과 같이 ."Application Name" 란에 "EditText" 라고 입력 한 다음, "Next" 버튼을 클릭한다.

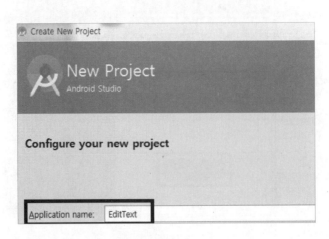

〈그림 33〉

〈그림 34〉과 같이 Minimum SDK를 "API 15: Android 4.0.3(IceCreamSand wich)"를 선택 한 다음 "Next" 버튼을 클릭한다.

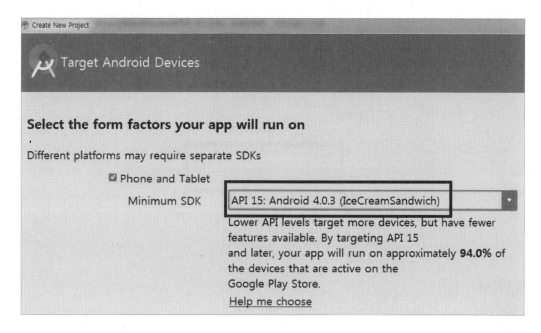

〈그림 34〉

〈그림 35〉와 같이 "Blank Activity"를 선택한 다음, "Next" 버튼을 클릭한다.

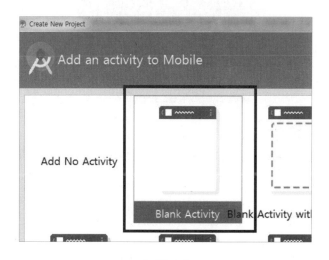

〈그림 35〉

이어서, "Finish" 버튼을 클릭한다. 〈그림 36〉과 같이 "Project", "Android", "res", "layout"을 차례로 클릭 한 다음, "activity_main.xml"을 더블 클릭한다.

〈그림 36〉

〈그림 37〉과 같이 디폴트로 제공되는 "Hello world!"를 클릭하여 삭제한다.

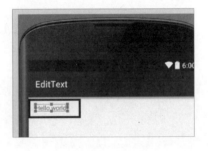

〈그림 37〉

"Hello World!" 라는 TextView를 클릭하여 제거한 다음, 〈그림 38〉과 같이 "Plain Text (EditText)"를 작성한다.

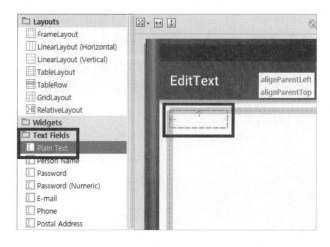

〈그림 38〉

〈그림 39〉와 같이 앞서 작성된 EditText의 "layout:width" 위치의 속성 값을 "100dp"로 입력한다.

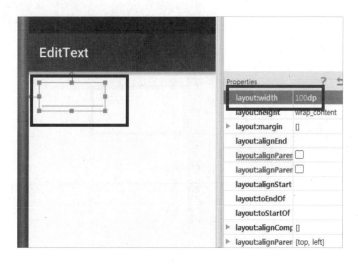

〈그림 39〉

〈그림 40〉과 같이 방금 작성한 EditText를 더블 클릭한 다음, id에 "et1" 이라고 입력한다(%참고 : "et1"이라고 입력한 다음, 옆의 비어 있는 위치 아무데나 클릭하면 된다).

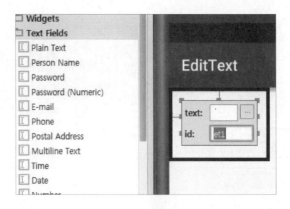

〈그림 40〉

〈그림 41〉과 같이 "Plain Text(EditText)"를 하나 더 작성한다.

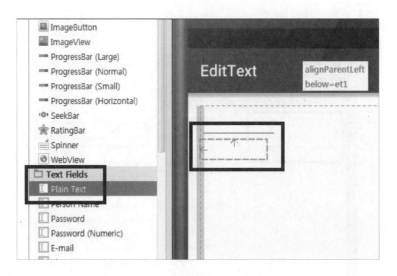

〈그림 41〉

〈그림 42〉와 같이 앞서 두 번째로 작성된 EditText의 "layout:width" 위치의 속성 값을 "100dp"로 입력한다.

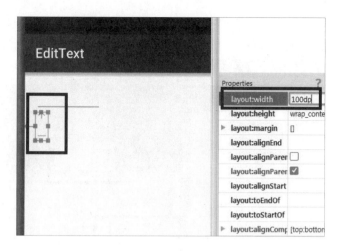

〈그림 42〉

〈그림 43〉과 같이 방금 작성한 EditText를 더블 클릭한 다음, id에 "et2" 라고 입력한다.

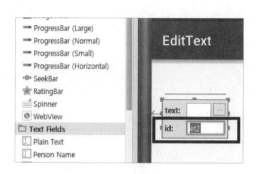

〈그림 43〉

〈그림 44〉와 같이 "LinearLayout(Horizontal)"을 클릭하여 두 번째 작성한 EditText 아래쪽에
레이아웃을 작성한다.

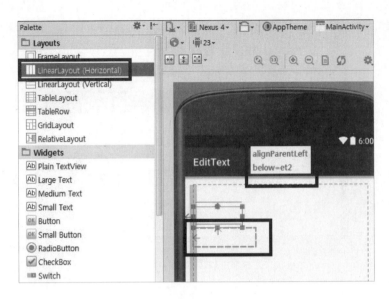

〈그림 44〉

작성된 결과는 〈그림 45〉와 같다.

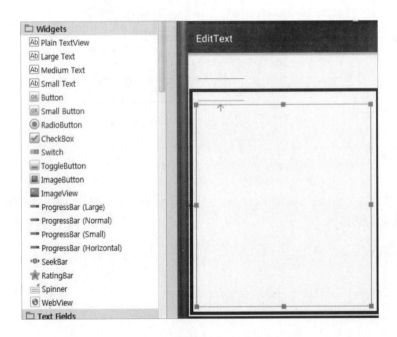

〈그림 45〉

〈그림 46〉과 같이 "Button"을 클릭하여 방금 작성한 레이아웃 안쪽의 좌측 상단에 작성한다.

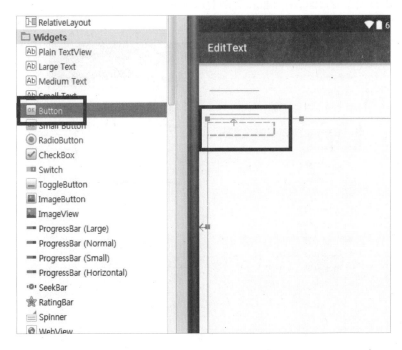

〈그림 46〉

〈그림 47〉과 같이 작성된 버튼을 더블 클릭하여 " text: copy, id: bt1 "이라고 작성한다.

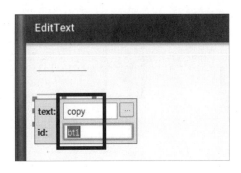

〈그림 47〉

〈그림 48〉과 같이 "Button"을 클릭하여 방금 작성한 버튼의 오른쪽에 작성한다(※참고 : 이때 중앙에 원으로 표시한 위치의 수직선이 녹색선이 타나날 때 버튼을 놓는다).

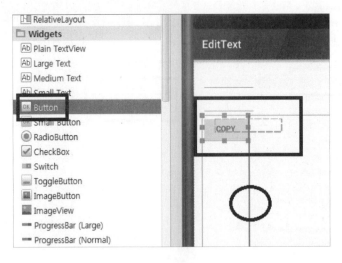

〈그림 48〉

〈그림 49〉와 같이 방금 작성된 버튼을 더블 클릭하여 " text: clear, id: bt2 "라고 작성한다.

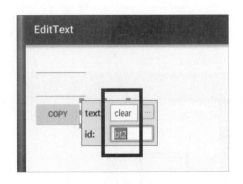

〈그림 49〉

〈그림 50〉과 같이 "LinearLayout(Horizontal)"을 클릭한다.

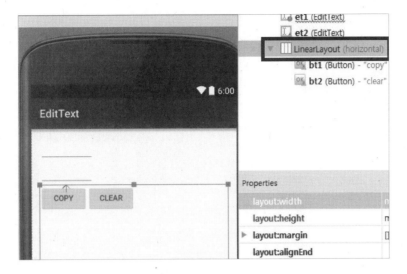

〈그림 50〉

〈그림 51〉과 같이 레이아웃 높이(layout_height) 설정 아이콘을 클릭 한다.

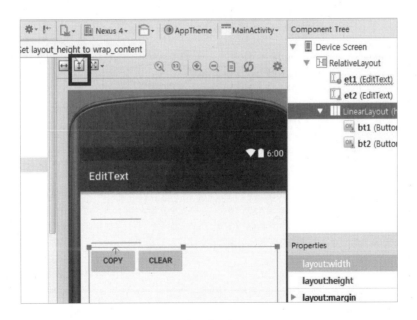

〈그림 51〉

〈그림 52〉와 같이 "MainActivity"를 더블 클릭 한다.

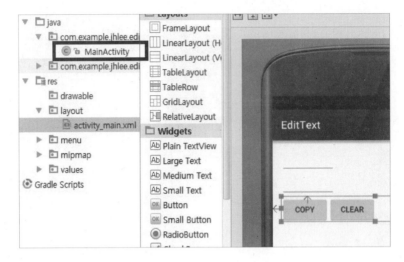

〈그림 52〉

〈그림 53〉과 같이 오른쪽 코드 입력창에 표시한 사각형 영역 위치 안에 코드를 작성한다.

```java
import ...

public class MainActivity extends Activity
        implements View.OnClickListener{

    public void onClick(View v){
        EditText e1 = (EditText)findViewById(R.id.et1);
        EditText e2 = (EditText)findViewById(R.id.et2);
        String str1 = e1.getText().toString();
        if(v.getId() == R.id.bt1){
            e2.setText(str1);
        }else if(v.getId() == R.id.bt2){
            e1.setText("");
            e2.setText(" ");
        }
    }

    @Override
```

〈그림 53〉

```
public class MainActivity extends Activity
        implements View.OnClickListener{
    public void onClick(View v){
        EditText e1 = (EditText)findViewById(R.id.et1);
        EditText e2 = (EditText)findViewById(R.id.et2);
        String str1 = e1.getText().toString();
        if(v.getId() == R.id.bt1){
            e2.setText(str1);
        }else if(v.getId() == R.id.bt2){
            e1.setText("");
            e2.setText(" ");
        }
    }
    @Override
```

이어서, 〈그림 54〉와 같이 코드를 추가로 입력한다. (참고로, 코드 입력도중에 빨강색으로 글자가 변하면 해당 글자 중간을 클릭하여 커서를 위치시킨 다음, "ALT + Enter 키"를 누른다).

```
                              e2.setText(str1);
                    }else if(v.getId() == R.id.bt2){
                        e1.setText("");
                        e2.setText(" ");
                    }
                }
    @Override
    protected void onCreate(Bundle savedInstanceState) {
        super.onCreate(savedInstanceState);
        setContentView(R.layout.activity_main);

        Button b1 = (Button)findViewById(R.id.bt1);
        b1.setOnClickListener(this);
        Button b2 = (Button)findViewById(R.id.bt2);
        b2.setOnClickListener(this);
```

〈그림 54〉

```
Button b1 = (Button)findViewById(R.id.bt1);
b1.setOnClickListener(this);
Button b2 = (Button)findViewById(R.id.bt2);
b2.setOnClickListener(this);
```

앞의 프로그램 작성도중 import된 최종 파일은 〈그림 55〉와 같다.

```
import android.app.Activity;
import android.support.v7.app.AppCompatActivity;
import android.os.Bundle;
import android.view.Menu;
import android.view.MenuItem;
import android.view.View;
import android.widget.Button;
import android.widget.EditText;

public class MainActivity extends Activity
        implements View.OnClickListener{

        public void onClick(View v){
```

〈그림 55〉

```
import android.app.Activity;
import android.support.v7.app.AppCompatActivity;
import android.os.Bundle;
import android.view.Menu;
import android.view.MenuItem;
import android.view.View;
import android.widget.Button;
import android.widget.EditText;
```

실행 버튼을 클릭하여 실행시킨 결과는 〈그림 56〉과 같다.

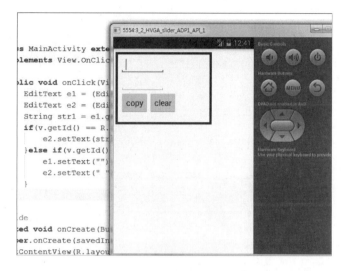

〈그림 56〉

〈그림 57〉은 위쪽의 EditText에 "aa"라고 입력한 다음, "copy" 버튼을 클릭하여 복사한 실행 결과이다. 이어서, "clear" 버튼을 클릭하면 두 개의 EditText에 있는 내용들이 전부 지워진다.

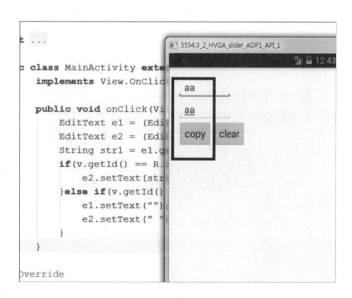

〈그림 57〉

이상으로 EditText의 실습을 마친다.

4.4 체크상자(CheckBox)

체크상자의 작성을 위해 새로운 프로젝트를 작성하기로 한다. "Android Studio"를 더블 클릭하여 실행시킨다. 〈그림 58〉과 같이 "Start a new Android Studio project"를 더블 클릭한다.

〈그림 58〉

〈그림 59〉와 같이 "Application Name" 란에 "CheckBox" 라고 입력 한 다음, "Next" 버튼을 클릭한다.

〈그림 59〉

〈그림 60〉과 같이 Minimum SDK를 "API 15: Android 4.0.3(IceCreamSand wich)"를 선택 한 다음 "Next" 버튼을 클릭한다.

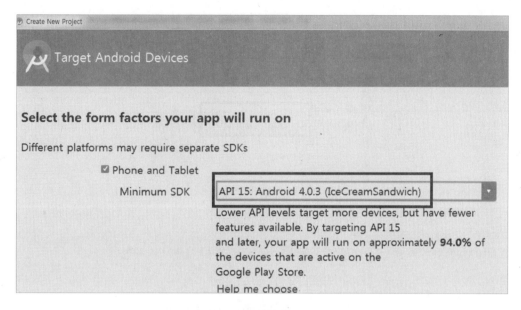

〈그림 60〉

〈그림 61〉과 같이 "Blank Activity"를 선택한 다음, "Next" 버튼을 클릭한다.

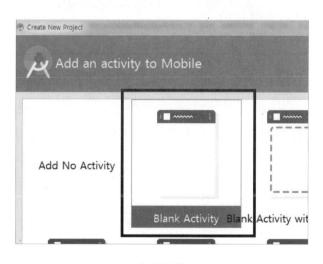

〈그림 61〉

이어서, "Finish" 버튼을 클릭한다. 〈그림 62〉와 같이 "Project", "Android", "res", "layout"을 차례로 클릭 한 다음, "activity_main.xml"을 더블 클릭한다.

〈그림 62〉

〈그림 63〉과 같이 디폴트로 제공되는 "Hello world!"를 클릭하여 삭제한다.

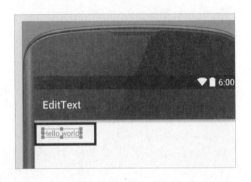

〈그림 63〉

"Hello World!" 라는 TextView를 클릭하여 제거한 다음, 〈그림 64〉와 같이 "CheckBox"를 작성한다.

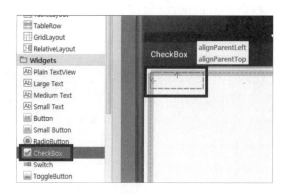

〈그림 64〉

방금 작성된 CheckBox는 〈그림 65〉와 같다.

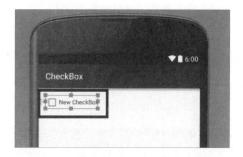

〈그림 65〉

〈그림 66〉과 같이 방금 작성한 CheckBox를 더블 클릭한 다음, "text: pari, checked: (checked 오른쪽의 박스 클릭), id: pr" 이라고 입력한다(%참고 : checked 오른쪽의 박스를 클릭하여 선택하면, checked 속성 값이 "true"로 설정된다).

〈그림 66〉

〈그림 67〉과 같이 "CheckBox"를 하나 더 작성한다.

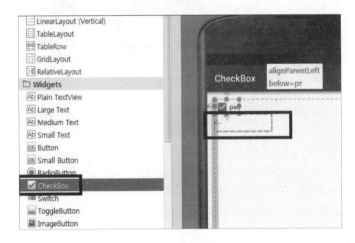

〈그림 67〉

〈그림 68〉과 같이 방금 작성한 CheckBox를 더블 클릭한 다음, " text: mogi, checked:(체크 안함), id: mg " 라고 입력한다.

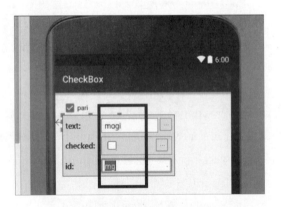

〈그림 68〉

〈그림 69〉와 같이 "LinearLayout(Horizontal)"을 클릭하여 두 번째 작성한 CheckBox 아래쪽에 레이아웃을 작성한다.

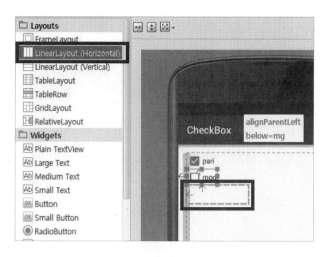

〈그림 69〉

작성된 결과는 〈그림 70〉과 같다.

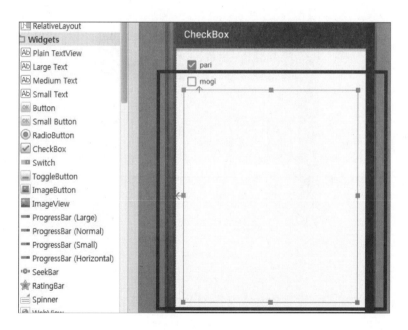

〈그림 70〉

〈그림 71〉과 같이 "Button"을 클릭하여 방금 작성한 레이아웃 안쪽의 좌측 상단에 작성한다.

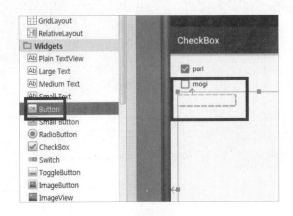

〈그림 71〉

〈그림 72〉와 같이 작성된 버튼을 더블 클릭하여 " text: print, id: btn1 "이라고 작성한다.

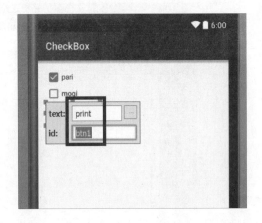

〈그림 72〉

〈그림 73〉과 같이 "Button"을 클릭하여 방금 작성한 버튼의 오른쪽에 작성한다(%참고 : 이때 중앙에 원으로 표시한 위치의 수직선이 녹색선이 타나날 때 버튼을 놓는다).

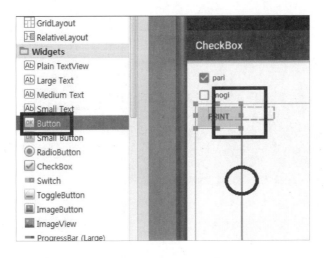

〈그림 73〉

〈그림 74〉와 같이 작성된 버튼을 더블 클릭하여 " text: clear, id: btn2 "라고 작성한다.

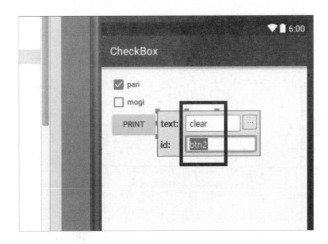

〈그림 74〉

〈그림 75〉와 같이 "LinearLayout(Horizontal)"을 클릭한다.

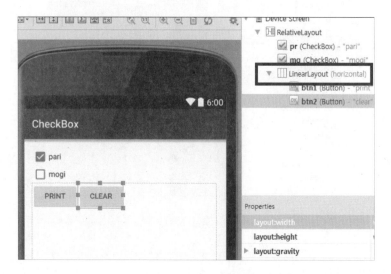

〈그림 75〉

〈그림 76〉과 같이 레이아웃 높이(layout_height) 설정 아이콘을 클릭 한다.

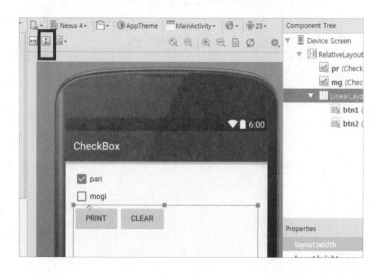

〈그림 76〉

〈그림 77〉과 같이 "LinearLayout(Horizontal)"을 클릭한다.

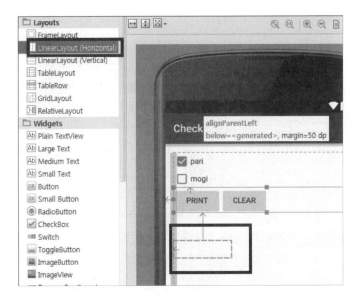

〈그림 77〉

작성된 결과는 〈그림 78〉과 같다.

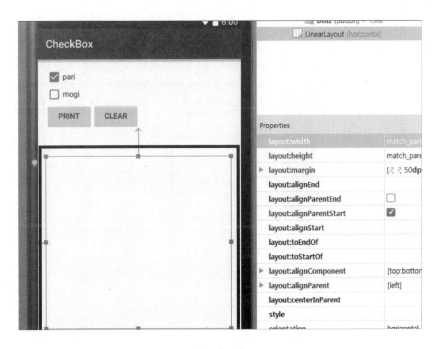

〈그림 78〉

〈그림 79〉와 같이 "TextView"를 작성한다.

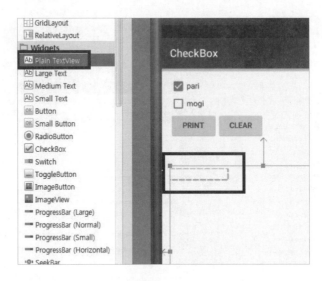

〈그림 79〉

〈그림 80〉과 같이 작성된 TextView를 더블 클릭하여 " id: tv1 " 이라고 작성한다.

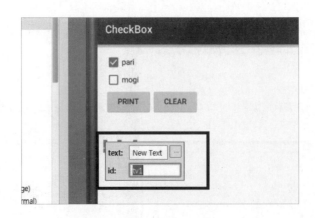

〈그림 80〉

〈그림 81〉과 같이 "MainActivity" 를 더블 클릭 한다.

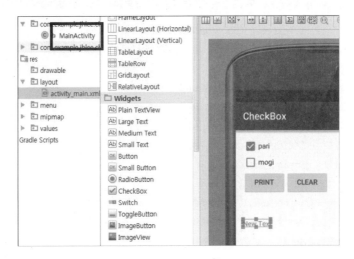

〈그림 81〉

〈그림 82〉와 같이 오른쪽 코드 입력창에 표시한 사각형 영역 위치 안에 코드를 작성한다.

```java
public class MainActivity extends AppCompatActivity
        implements View.OnClickListener {
    public void onClick(View v){
        CheckBox insect1 = (CheckBox)findViewById(R.id.pr);
        CheckBox insect2 = (CheckBox)findViewById(R.id.mg);
        TextView v1 = (TextView)findViewById(R.id.tv1);
        String str1 = (String)insect1.getText();
        String str2 = (String)insect2.getText();
        if(v.getId() == R.id.btn1){
            if(insect1.isChecked() && insect2.isChecked()) {
                v1.setText(str1 + ",  " + str2 + " is selected");
            }else if(insect1.isChecked()) {
                v1.setText(str1 + " is selected");
            }else if(insect2.isChecked()) {
                v1.setText(str2 + " is selected");
            }else
                v1.setText("not selected");
        }else{
            if(v.getId() == R.id.btn2) {
                insect1.setChecked(false);
                insect2.setChecked(false);
                v1.setText("cleared");
            }
        }
    }
    @Override
```

〈그림 82〉

```
public class MainActivity extends AppCompatActivity
        implements View.OnClickListener {
    public void onClick(View v){
        CheckBox insect1 = (CheckBox)findViewById(R.id.pr);
        CheckBox insect2 = (CheckBox)findViewById(R.id.mg);
        TextView v1 = (TextView)findViewById(R.id.tv1);
        String str1 = (String)insect1.getText();
        String str2 = (String)insect2.getText();
        if(v.getId() == R.id.btn1){
            if(insect1.isChecked() && insect2.isChecked()) {
                v1.setText(str1 + ",  " + str2 + " is selected");
            }else if(insect1.isChecked()) {
                v1.setText(str1 + " is selected");
            }else if(insect2.isChecked()) {
                v1.setText(str2 + " is selected");
            }else
                v1.setText("not selected");
        }else{
            if(v.getId() == R.id.btn2) {
                insect1.setChecked(false);
                insect2.setChecked(false);
                v1.setText("cleared");
            }
        }
    }
    @Override
```

이어서, 〈그림 83〉과 같이 코드를 추가로 입력한다. (참고로, 코드 입력도중에 빨강색으로 글자가 변하면 해당 글자 중간을 클릭하여 커서를 위치시킨 다음, "ALT + Enter 키"를 누른다).

```
}
@Override
protected void onCreate(Bundle savedInstanceState) {
    super.onCreate(savedInstanceState);
    setContentView(R.layout.activity_main);

    Button b1 = (Button)findViewById(R.id.btn1);
    b1.setOnClickListener(this);
    Button b2 = (Button)findViewById(R.id.btn2);
    b2.setOnClickListener(this);
}
```

〈그림 83〉

방금 입력된 코드는 다음과 같다.

```
Button b1 = (Button)findViewById(R.id.btn1);
b1.setOnClickListener(this);
Button b2 = (Button)findViewById(R.id.btn2);
b2.setOnClickListener(this);
```

앞의 프로그램 작성도중 import된 최종 파일은 〈그림 84〉와 같다.

```
import android.support.v7.app.AppCompatActivity;
import android.os.Bundle;
import android.view.Menu;
import android.view.MenuItem;
import android.view.View;
import android.widget.Button;
import android.widget.CheckBox;
import android.widget.TextView;
```

〈그림 84〉

```
import android.support.v7.app.AppCompatActivity;
import android.os.Bundle;
import android.view.Menu;
import android.view.MenuItem;
import android.view.View;
import android.widget.Button;
import android.widget.CheckBox;
import android.widget.TextView;
```

실행 버튼을 클릭하여 실행시킨 결과는 〈그림 85〉와 같다.

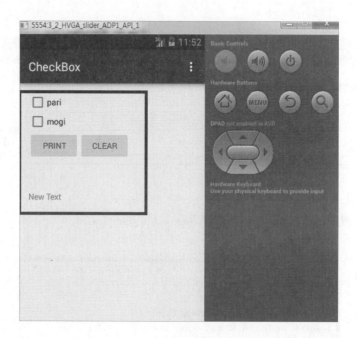

〈그림 85〉

〈그림 86〉과 같이 "pari" 라는 체크박스를 선택하고 "PRINT" 버튼을 클릭한다. 결과가 출력됨을 알 수 있다.

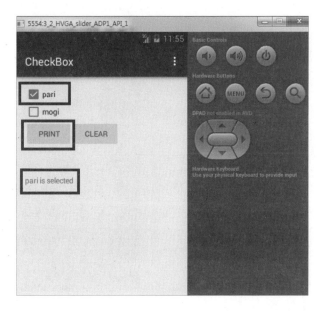

〈그림 86〉

〈그림 87〉과 같이 "pari"와 "mogi" 라는 두 개의 체크박스를 선택하고 "PRINT" 버튼을 클릭한다.

〈그림 87〉

〈그림 88〉과 같이 "CLEAR" 버튼을 클릭한다. 체크박스의 선택이 해제되고 "cleared"메시지가
출력됨을 알 수 있다.

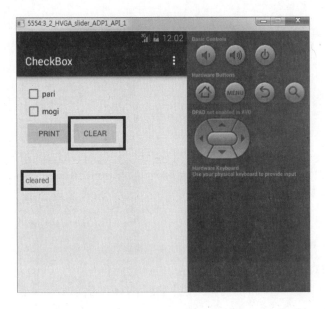

〈그림 88〉

이상으로 CheckBox의 실습을 마친다.

4.5 라디오버튼(RadioButton)

라디오버튼의 작성을 위해 새로운 프로젝트를 작성하기로 한다. "Android Studio"를 더블 클릭하여 실행시킨다. 〈그림 89〉와 같이 "Start a new Android Studio project"를 더블 클릭한다.

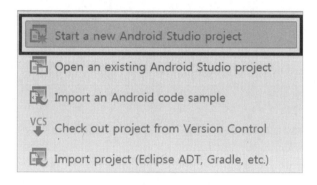

〈그림 89〉

〈그림 90〉과 같이 "Application Name" 란에 "RadioButton" 이라고 입력 한 다음, "Next" 버튼을 클릭한다.

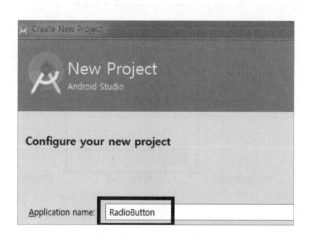

〈그림 90〉

〈그림 91〉과 같이 Minimum SDK를 "API 15: Android 4.0.3(IceCreamSand wich)"를 선택 한 다음 "Next" 버튼을 클릭한다.

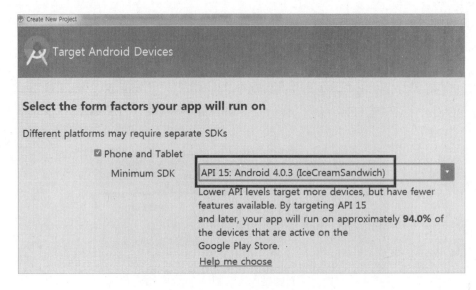

〈그림 91〉

〈그림 92〉와 같이 "Blank Activity"를 선택한 다음, "Next" 버튼을 클릭한다.

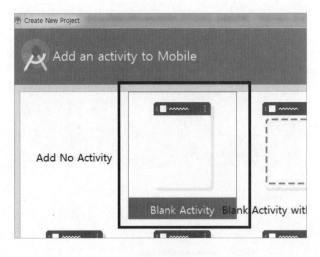

〈그림 92〉

이어서, "Finish" 버튼을 클릭한다. 〈그림 93〉과 같이 "Project", "Android", "res", "layout"을 차례로 클릭 한 다음, "activity_main.xml"을 더블 클릭한다.

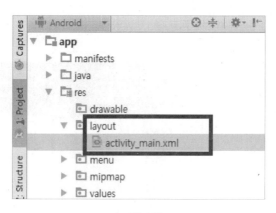

〈그림 93〉

〈그림 94〉와 같이 디폴트로 제공되는 "Hello world!"를 클릭하여 삭제한다.

〈그림 94〉

"Hello World!" 라는 TextView를 클릭하여 제거한 다음, 〈그림 95〉와 같이 "RadioGroup"을 작성한다. 방금 작성한 "RadioGroup"을 더블클릭(방금 작성된 4각형 모양의 RadioGroup 경계선을 더블 클릭)하여 "id" 입력 부분에 "rg" 라고 입력한다.

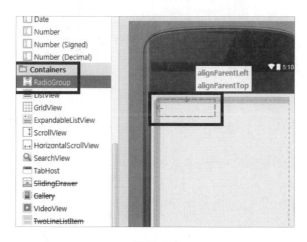

〈그림 95〉

이어서, 〈그림 96〉과 같이 "RadioButton"을 작성한다.

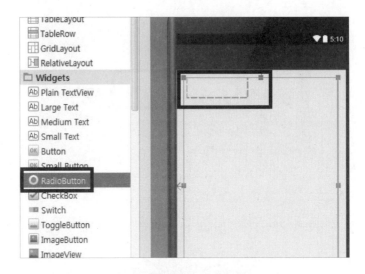

〈그림 96〉

〈그림 97〉과 같이 방금 작성한 RadioButton를 더블 클릭한 다음, "text: pari, checked: (checked 오른쪽의 박스 클릭), id: pr" 이라고 입력한다.

〈그림 97〉

〈그림 98〉과 같이 "RadioButton"을 하나 더 작성한다.

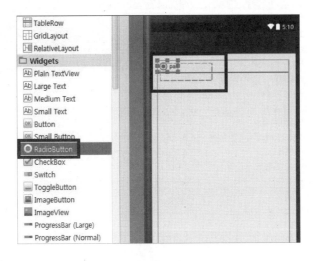

〈그림 98〉

〈그림 99〉와 같이 방금 작성한 RadioButton를 더블 클릭한 다음, " text: mogi, checked:(체크 안함), id: mg " 라고 입력한다.

〈그림 99〉

〈그림 100〉과 같이 "LinearLayout(Vertical)"을 클릭하여 두 번째 작성한 RadioButton 아래쪽에 레이아웃을 작성한다.

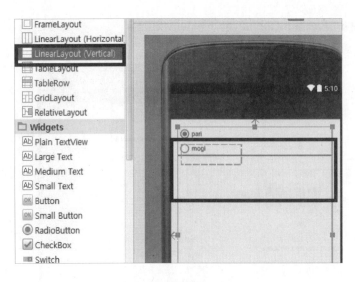

〈그림 100〉

〈그림 101〉과 같이 "Button"을 클릭하여 방금 작성한 레이아웃 안쪽의 좌측 상단에 작성한다.

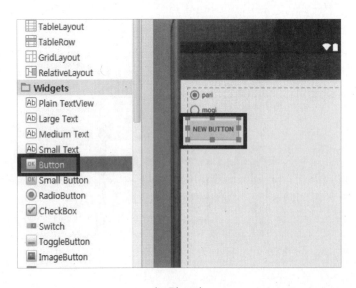

〈그림 101〉

〈그림 102〉와 같이 작성된 버튼을 더블 클릭하여 "text: print, id: btn1"이라고 작성한다.

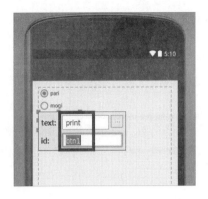

〈그림 102〉

〈그림 103〉과 같이 "TextView"를 클릭하여 방금 작성한 버튼의 아래쪽에 작성한다.

〈그림 103〉

〈그림 104〉와 같이 작성된 TextView를 더블 클릭하여 " id: tv1 " 이라고 작성한다.

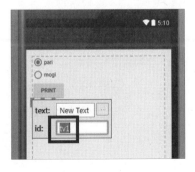

〈그림 104〉

〈그림 105〉와 같이 "MainActivity"를 더블 클릭 한다.

〈그림 105〉

〈그림 106〉과 같이 오른쪽 코드 입력창에 표시한 사각형 영역 위치 안에 코드를 작성한다.

```java
public class MainActivity extends AppCompatActivity
    implements View.OnClickListener{
    public void onClick(View v){
        RadioGroup rg1 = (RadioGroup)findViewById(R.id.rg);
        RadioButton rb1 = null;
        if(rg1.getCheckedRadioButtonId() == R.id.pr){
            rb1 = (RadioButton)findViewById(R.id.pr);
        }else if(rg1.getCheckedRadioButtonId() == R.id.mg){
            rb1 = (RadioButton)findViewById(R.id.mg);
        }
        String str1 = rb1.getText().toString();
        TextView v1 = (TextView)findViewById(R.id.tv1);
        v1.setText(str1 + " is selected");
    }
    @Override
```

〈그림 106〉

```
public class MainActivity extends AppCompatActivity
   implements View.OnClickListener{
   public  void onClick(View v){
       RadioGroup rg1 = (RadioGroup)findViewById(R.id.rg);
       RadioButton rb1 = null;
       if(rg1.getCheckedRadioButtonId() == R.id.pr){
           rb1 = (RadioButton)findViewById(R.id.pr);
       }else if(rg1.getCheckedRadioButtonId() == R.id.mg){
           rb1 = (RadioButton)findViewById(R.id.mg);
       }
       String str1 = rb1.getText().toString();
       TextView v1 = (TextView)findViewById(R.id.tv1);
       v1.setText(str1 + "  is selected");
   }

   @Override
```

이어서, 〈그림 107〉과 같이 코드를 추가로 입력한다. (참고로, 코드 입력도중에 빨강색으로 글자가 변하면 해당 글자 중간을 클릭하여 커서를 위치시킨 다음, "ALT + Enter 키"를 누른다).

```
@Override
protected void onCreate(Bundle savedInstanceState) {
    super.onCreate(savedInstanceState);
    setContentView(R.layout.activity_main);

    Button b1 = (Button)findViewById(R.id.btn1);
    b1.setOnClickListener(this);
}

@Override
public boolean onCreateOptionsMenu(Menu menu) {
```

〈그림 107〉

```
@Override
   protected void onCreate(Bundle savedInstanceState) {
       super.onCreate(savedInstanceState);
       setContentView(R.layout.activity_main);
       Button b1 = (Button)findViewById(R.id.btn1);        //추가
       b1.setOnClickListener(this);                        //추가
   }
```

앞의 프로그램 작성도중 import된 최종 파일은 〈그림 108〉과 같다.

```
import android.support.v7.app.AppCompatActivity;
import android.os.Bundle;
import android.view.Menu;
import android.view.MenuItem;
import android.view.View;
import android.widget.Button;
import android.widget.RadioButton;
import android.widget.RadioGroup;
import android.widget.TextView;
```

〈그림 108〉

```
import android.support.v7.app.AppCompatActivity;
import android.os.Bundle;
import android.view.Menu;
import android.view.MenuItem;
import android.view.View;
import android.widget.Button;
import android.widget.RadioButton;
import android.widget.RadioGroup;
import android.widget.TextView;
```

실행 버튼을 클릭하여 실행시킨 결과는 〈그림 109〉와 같다.

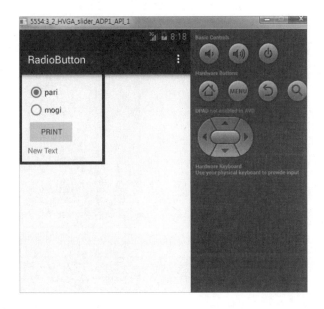

〈그림 109〉

〈그림 110〉과 같이 "pari" 라는 라디오버튼을 선택하고 "PRINT" 버튼을 클릭한다. 결과가 출력됨을 알 수 있다.

〈그림 110〉

〈그림 111〉과 같이 "mogi" 라는 라디오버튼을 선택하고 "PRINT" 버튼을 클릭한다.

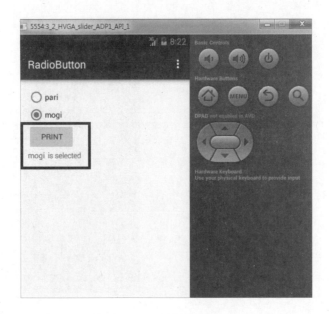

〈그림 111〉

이상으로 RadioButton의 실습을 마친다.

05

방송수신자
(BroadcastReceiver)

방송수신자는 "AndroidManifest" 파일의 〈receiver〉 태그를 이용한 방법과 Registe
rReceiver() 메소드를 이용한 방법으로 수신자를 등록할 수 있다. 방송 수신자는 방송
인텐트를 수신하며, 원하는 인텐트 종류를 지정하려면 방송 수신자를 등록할 때 인텐트
필터를 이용하면 된다. 안드로이드는 방송을 수신할 응용이 실행상태가 아니면 인텐트
가 방송될 때 실행상태가 되도록 한다.

5.1 방송수신자(BroadcastReceiver) I

"AndroidManifest" 파일의 ⟨receiver⟩ 태그를 이용한 방송수신자 실습을 위해 새로운 프로젝트를 작성하기로 한다. "Android Studio"를 더블 클릭하여 실행시킨다. ⟨그림 1⟩과 같이 "Start a new Android Studio project"를 더블 클릭한다.

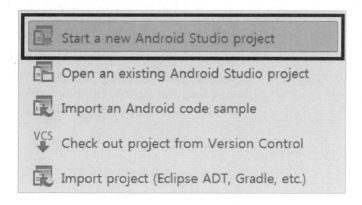

⟨그림 1⟩

⟨그림 2⟩와 같이 "Application Name" 란에 "BroadcastReceiver" 라고 입력 한 다음, "Next" 버튼을 클릭한다.

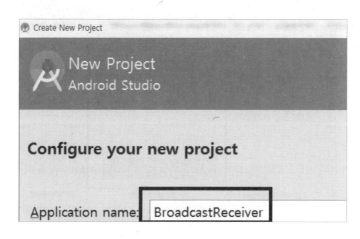

⟨그림 2⟩

〈그림 3〉과 같이 Minimum SDK를 "API 15: Android 4.0.3(IceCreamSand wich)"를 선택 한 다음 "Next" 버튼을 클릭한다.

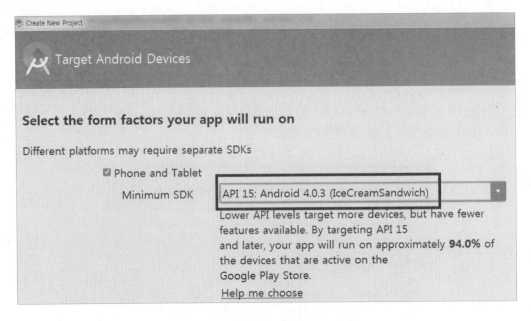

〈그림 3〉

〈그림 4〉와 같이 "Blank Activity"를 선택한 다음, "Next" 버튼을 클릭한다.

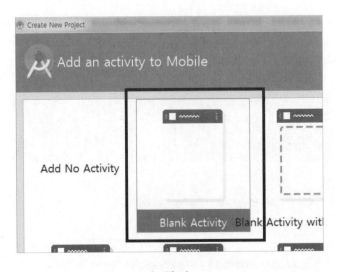

〈그림 4〉

이어서, "Finish" 버튼을 클릭한다. 〈그림 5〉와 같이 "Project", "Android", "res", "layout"을 차례로 클릭 한 다음, "activity_main.xml"을 더블 클릭한다.

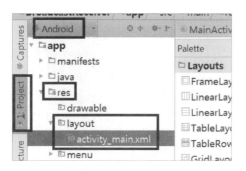

〈그림 5〉

〈그림 6〉과 같이 "Button"을 작성한다.

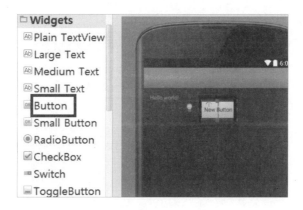

〈그림 6〉

버튼 텍스트 값을 변경하기 위해 〈그림 7〉과 같이 방금 작성한 "New Button" 을 더블 클릭 한 다음, "BroadcastReceiver" 라고 입력 한다.

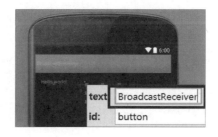

〈그림 7〉

버튼의 색을 변경하기 위해 〈그림 8〉과 같이 "activity_main_xml" 파일을 더블 클릭 한 다음, 아래쪽의 "Text"를 클릭 한다.

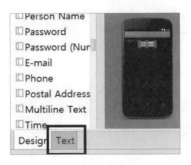

〈그림 8〉

〈그림 9〉와 같이 android:background="#ffff00" 을 입력한다.

```
<Button
    android:layout_width="wrap_content"
    android:layout_height="wrap_content"
    android:text="BroadcastReceiver"

    android:background="#ffff00"

    android:id="@+id/button"
    android:layout_below="@+id/textView"
    android:layout_centerHorizontal="true" />
```

〈그림 9〉

이번에는 텍스트를 수정하고 글자크기를 변경해보기 위해, 〈그림 10〉과 같이 android:text= "BroadCasting..." 과 android:textSize="38sp" 라고 입력한다.

```
<Button
    android:layout_width="wrap_content"
    android:layout_height="wrap_content"

    android:text="BroadCasting..."
    android:textSize="38sp"
    android:background="#ffff00"

    android:id="@+id/button"
    android:layout_below="@+id/textView"
    android:layout_centerHorizontal="true" />
```

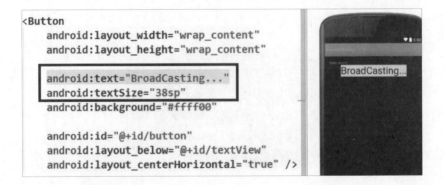

〈그림 10〉

〈그림 11〉과 같이 "MainActivity"를 더블 클릭 한 다음, 오른쪽 코드 입력창에 표시한 사각형의 빈 영역 위치 안에 코드를 작성한다.

<그림 11>

입력된 코드는 〈그림 12〉와 같다. (참고로, 코드 입력도중 "View" 등에 빨강색으로 글자가 변하면 해당 글자 중간을 클릭하여 커서를 위치시킨 다음, "ALT + Enter 키"를 누른다.

```java
import ...

public class MainActivity extends AppCompatActivity {
    @Override
    protected void onCreate(Bundle savedInstanceState) {
        super.onCreate(savedInstanceState);
        setContentView(R.layout.activity_main);

        findViewById(R.id.button).setOnClickListener(new View.OnClickListener() {
            @Override
            public void onClick(View v) {
                Intent intent = new Intent();
                intent.setAction("action_name");
                sendBroadcast(intent);
            }
        });
    }

    @Override
    public boolean onCreateOptionsMenu(Menu menu) {
```

<그림 12>

```
findViewById(R.id.button).setOnClickListener(new View.OnClickListener() {
  @Override
  public void onClick(View v) {
  Intent intent = new Intent();
  intent.setAction("action_name");
  sendBroadcast(intent);
  }
});
```

이어서, 〈그림 13〉과 같이 코드를 추가한다.

```
package com.example.jhlee.broadcastreceiver;

import android.content.Intent;
import android.support.v7.app.AppCompatActivity;
import android.os.Bundle;
import android.view.Menu;
import android.view.MenuItem;
import android.view.View;
```

〈그림 13〉

```
import android.content.Intent;
import android.support.v7.app.AppCompatActivity;
import android.os.Bundle;
import android.view.Menu;
import android.view.MenuItem;
import android.view.View;
```

〈그림 14〉와 같이 "MainActivity"를 클릭 한 다음, 마우스 우측 버튼을 누른다. 이어서, "New"와 "Java Class"를 차례로 클릭 한다.

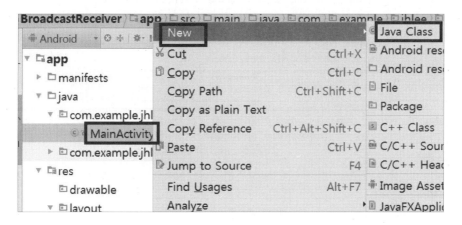

〈그림 14〉

〈그림 15〉와 같이 "SUB_A"라고 입력 한 다음 OK 버튼을 클릭한다.

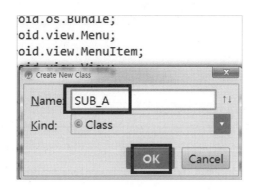

〈그림 15〉

〈그림 16〉과 같이 코드를 작성한다.

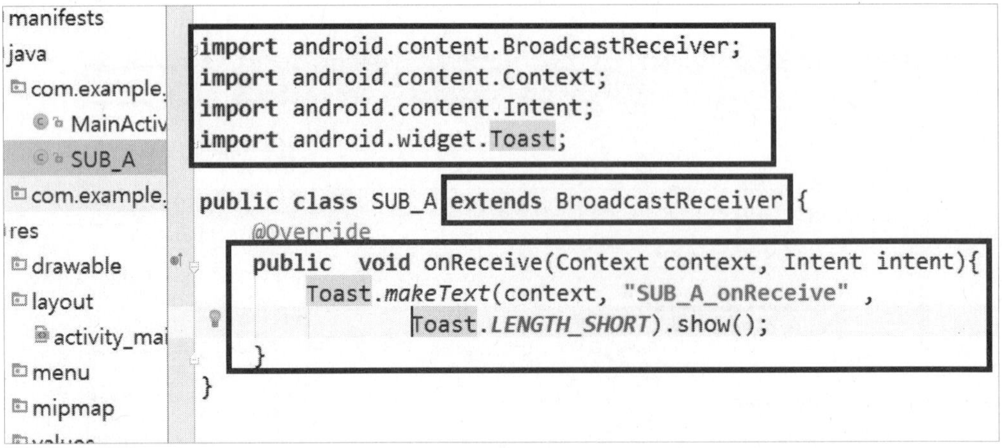

```
manifests
java
  com.example.
    MainActiv
    SUB_A
  com.example.
res
  drawable
  layout
    activity_mai
  menu
  mipmap
  values

import android.content.BroadcastReceiver;
import android.content.Context;
import android.content.Intent;
import android.widget.Toast;

public class SUB_A extends BroadcastReceiver {
    @Override
    public  void onReceive(Context context, Intent intent){
        Toast.makeText(context, "SUB_A_onReceive" ,
                Toast.LENGTH_SHORT).show();
    }
}
```

〈그림 16〉

방금 추가된 코드는 다음과 같다. 이 코드에서 방송수신자가 원하는 인텐트 필터와 동일한 형태의 인텐트가 수신되면 onReceive 메소드가 수행된다. 이 메소드 핸들러의 제한 시간은 10초가 주어진다.

```
import android.content.BroadcastReceiver;
import android.content.Context;
import android.content.Intent;
import android.widget.Toast;
public class SUB_A extends BroadcastReceiver {
  @Override
  public  void onReceive(Context context, Intent intent){
    Toast.makeText(context, "SUB_A_onReceive" , Toast.LENGTH_SHORT).show();
  }
}
```

〈그림 17〉과 같이 SUB_A를 클릭 한 다음, "CTRL + C" 키를 눌러 복사한다. 이어서, "CTRL + V" 키를 누른다.

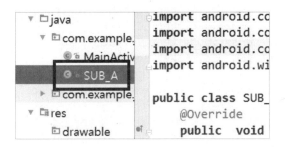

〈그림 17〉

〈그림 18〉과 같은 대화상자가 나타나면 "SUB_B" 라고 입력 한 다음, "OK"를 입력한다.

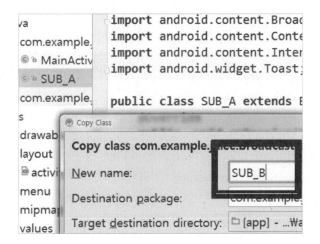

〈그림 18〉

〈그림 19〉과 같이 수정한다.

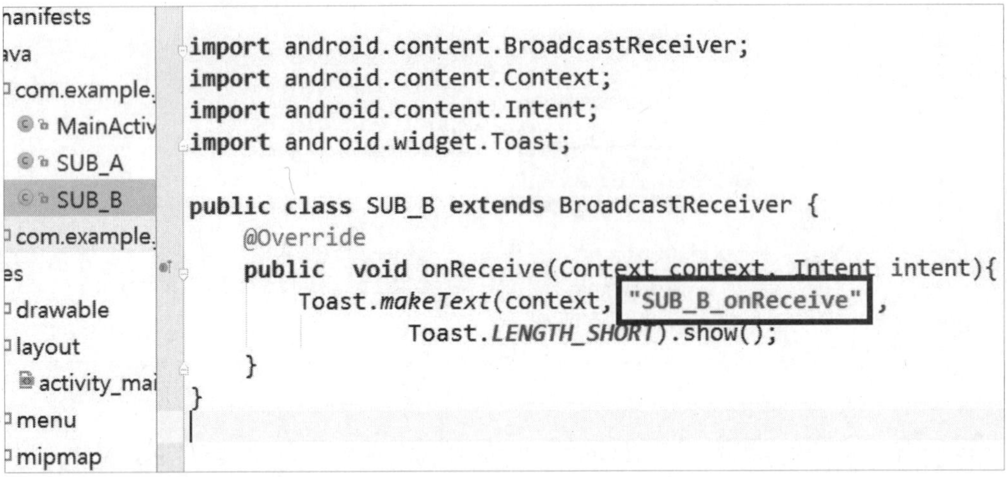

```
manifests
java
 com.example.
  © MainActiv
  © SUB_A
  © SUB_B
 com.example.
es
 drawable
 layout
  activity_mai
 menu
 mipmap
```

```java
import android.content.BroadcastReceiver;
import android.content.Context;
import android.content.Intent;
import android.widget.Toast;

public class SUB_B extends BroadcastReceiver {
    @Override
    public  void onReceive(Context context, Intent intent){
        Toast.makeText(context, "SUB_B_onReceive" ,
                Toast.LENGTH_SHORT).show();
    }
}
```

〈그림 19〉

방금 수정된 코드는 다음과 같다.

```java
import android.content.BroadcastReceiver;
import android.content.Context;
import android.content.Intent;
import android.widget.Toast;
public class SUB_B extends BroadcastReceiver {
 @Override
 public  void onReceive(Context context, Intent intent){
  Toast.makeText(context, "SUB_B_onReceive" , Toast.LENGTH_SHORT).show();
 }
}
```

〈그림 20〉과 같이 "AndroidManifest" 파일을 더블 클릭한다. 이어서, 코드를 추가한다.

```
<activity
    android:name=".MainActivity"
    android:label="BroadcastReceiver" >
    <intent-filter>
        <action android:name="android.intent.a(
        <category android:name="android.intent.
    </intent-filter>
</activity>
<receiver android:name=".SUB_A">
    <intent-filter>
        <action android:name="action_name" />
    </intent-filter>
</receiver>
<receiver android:name=".SUB_B">
    <intent-filter>
        <action android:name="action_name" />
    </intent-filter>
</receiver>
</application>
</manifest>
```

〈그림 20〉

추가된 코드는 다음과 같다.

```
<receiver android:name=".SUB_A">
    <intent-filter>
        <action android:name="action_name" />
    </intent-filter>
</receiver>
<receiver android:name=".SUB_B">
    <intent-filter>
        <action android:name="action_name" />
    </intent-filter>
</receiver>
```

〈그림 21〉과 같이 실행 아이콘을 클릭 한 다음, 앞서 작성하였던 "Lanch emulator"를 선택하고 "OK" 버튼을 클릭한다.

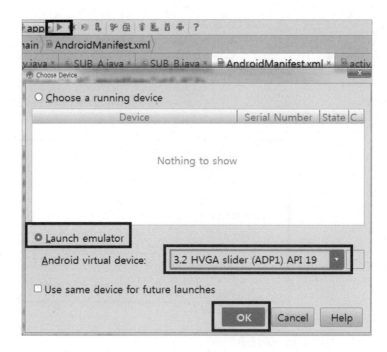

〈그림 21〉

실행 된 결과는 〈그림 22〉와 같고 "BROADCASTING…" 버튼을 클릭한다.

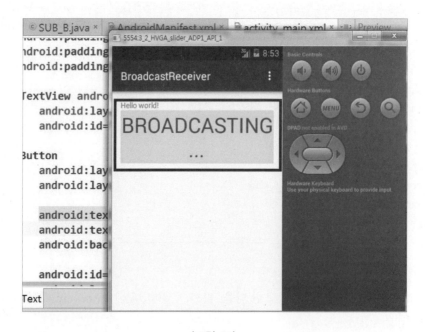

〈그림 22〉

〈그림 23〉과 같이 "SUB_A_onReceive" 토스트 메시지가 나타날 것이다.

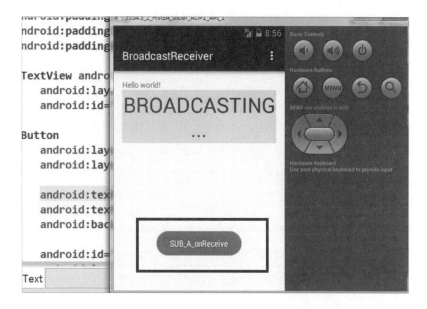

〈그림 23〉

이어서, 〈그림 24〉와 같이 "SUB_B_onReceive" 토스트 메시지가 나타날 것이다.

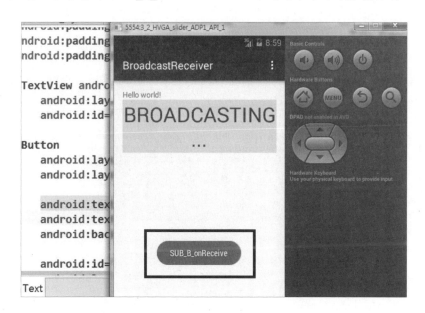

〈그림 24〉

이상으로 〈receiver〉 태그를 이용한 방송수신자의 실습을 마친다.

5.2 방송수신자(BroadcastReceiver) II

앞 절에서는 "AndroidManifest" 파일의 〈receiver〉 태그를 이용한 방송수신자 실습을 하였는데 이번절에서는 RegisterReceiver() 방식을 이용한 방송수신자의 실습을 하기로 한다. 실습을 위해 새로운 프로젝트를 작성하기로 한다. "Android Studio"를 더블 클릭하여 실행시킨다. 〈그림 25〉와 같이 "Start a new Android Studio project"를 더블 클릭한다.

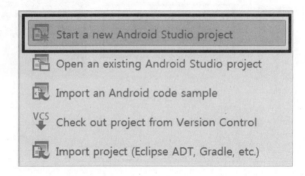

〈그림 25〉

〈그림 26〉과 같이 "Application Name" 란에 "BroadcastReceiver2" 라고 입력 한 다음, "Next" 버튼을 클릭한다.

〈그림 26〉

〈그림 27〉과 같이 Minimum SDK를 "API 15: Android 4.0.3(IceCreamSand wich)"를 선택 한 다음 "Next" 버튼을 클릭한다.

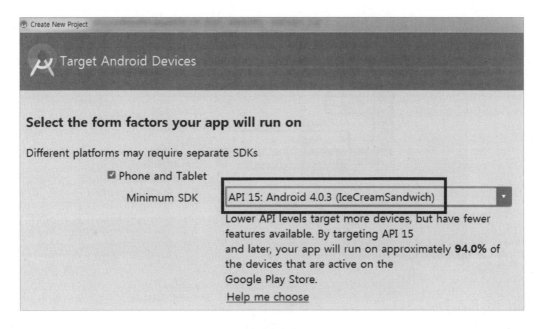

〈그림 27〉

〈그림 28〉와 같이 "Blank Activity"를 선택한 다음, "Next" 버튼을 클릭한다.

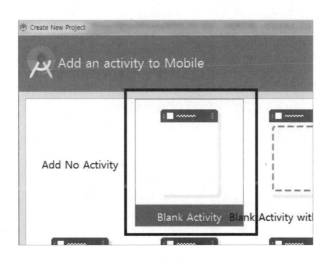

〈그림 28〉

이어서, "Finish" 버튼을 클릭한다. 〈그림 29〉와 같이 "Project", "Android", "res", "layout"을 차례로 클릭 한 다음, "activity_main.xml"을 더블 클릭한다.

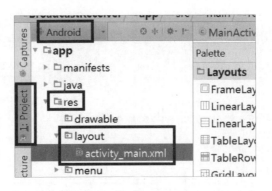

〈그림 29〉

〈그림 30〉과 같이 아래쪽의 "Text"를 클릭 한다.

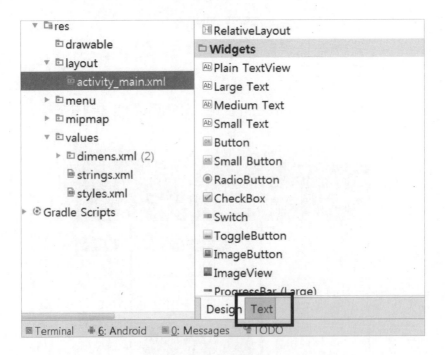

〈그림 30〉

〈그림 31〉과 같이 android:background="#ffff00" 을 입력한다.

```
<TextView
    android:text="@string/hello_world"
    android:layout_width="wrap_content"
    android:layout_height="wrap_content"

    android:background="#ffff00"

    />
```

〈그림 31〉

이번에는 텍스트를 수정하고 글자크기를 변경해보기 위해, 〈그림 32〉와 같이
android:text="BroadCasting....." 과 android:textSize="38sp" 라고 입력한다.

```
<TextView
    android:layout_width="wrap_content"
    android:layout_height="wrap_content"

    android:text="BroadCasting....."
    android:textSize="38sp"

    android:background="#ffff00"
    />
```

〈그림 32〉

〈그림 33〉과 같이 "MainActivity" 를 더블 클릭 한 다음, 오른쪽 코드 입력창에 표시한 사각형의
빈 영역 위치 안에 코드를 작성한다.

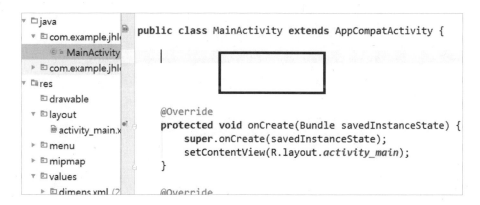

〈그림 33〉

입력된 코드는 〈그림 34〉와 같다. (참고로, 코드 입력도중 "Broadcast Receiver" 등에 빨강색으로 글자가 변하면 해당 글자 중간을 클릭하여 커서를 위치시킨 다음, "ALT + Enter 키"를 누른다.

```java
import ...

public class MainActivity extends AppCompatActivity {

    BroadcastReceiver bro = new BroadcastReceiver() {
        public void onReceive(Context context, Intent intent) {
            String action = intent.getAction();
            Toast.makeText(context, "ACTION : " + action, Toast.LENGTH_LONG).show();
            if (action.equals(Intent.ACTION_BATTERY_CHANGED)) {
                if (intent.getBooleanExtra(BatteryManager.EXTRA_PRESENT, false)){
                    Toast.makeText(context, "EXTRA : " + BatteryManager.EXTRA_PRESENT,
                        Toast.LENGTH_LONG).show();

                }
            }
        }
    };


    @Override
    protected void onCreate(Bundle savedInstanceState) {
```

〈그림 34〉

방금 입력된 코드는 다음과 같다.

```java
BroadcastReceiver bro = new BroadcastReceiver() {
 public void onReceive(Context context, Intent intent) {
  String action = intent.getAction();
  Toast.makeText(context, "ACTION : " + action, Toast.LENGTH_LONG).show();
  if (action.equals(Intent.ACTION_BATTERY_CHANGED)) {
     if (intent.getBooleanExtra(BatteryManager.EXTRA_PRESENT, false)){
       Toast.makeText(context, "EXTRA : " + BatteryManager.EXTRA_PRESENT,
               Toast.LENGTH_LONG).show();
     }
  }
 }
};
```

이어서, 〈그림 35〉와 같이 코드를 추가한다.

```java
    protected void onCreate(Bundle savedInstanceState) {
        super.onCreate(savedInstanceState);
        setContentView(R.layout.activity_main);
    }

    @Override
    protected void onResume(){
        super.onResume();
        IntentFilter filter = new IntentFilter();
        filter.addAction(Intent.ACTION_BATTERY_CHANGED);
        filter.addAction(Intent.ACTION_POWER_CONNECTED);
        registerReceiver(bro, filter);
    }
    @Override
    public void onPause(){
        super.onPause();
        unregisterReceiver(bro);
    }
```

〈그림 35〉

방금 입력된 코드는 다음과 같다.

```java
@Override
protected void onResume(){
    super.onResume();
    IntentFilter filter = new IntentFilter();
    filter.addAction(Intent.ACTION_BATTERY_CHANGED);
    filter.addAction(Intent.ACTION_POWER_CONNECTED);
    registerReceiver(bro, filter);
}
@Override
public void onPause(){
    super.onPause();
    unregisterReceiver(bro);
}
```

이어서, 〈그림 36〉과 같이 코드를 추가한다. 만약 코드 작성 중 적절하게 "ALT + ENTER" 키가 눌렸다면 추가하지 않아도 된다.

```
import android.content.BroadcastReceiver;
import android.content.Context;
import android.content.Intent;
import android.content.IntentFilter;
import android.os.BatteryManager;
import android.support.v7.app.AppCompatActivity;
import android.os.Bundle;
import android.view.Menu;
import android.view.MenuItem;
import android.widget.Toast;
```

〈그림 36〉

import된 최종 파일은 아래와 같다.

```
import android.content.BroadcastReceiver;

import android.content.Context;

import android.content.Intent;

import android.content.IntentFilter;

import android.os.BatteryManager;

import android.support.v7.app.AppCompatActivity;

import android.os.Bundle;

import android.view.Menu;

import android.view.MenuItem;

import android.widget.Toast;
```

〈그림 37〉과 같이 실행 아이콘을 클릭 한 다음, 앞서 작성하였던 "Lanch emulator"를 선택하고 "OK" 버튼을 클릭한다.

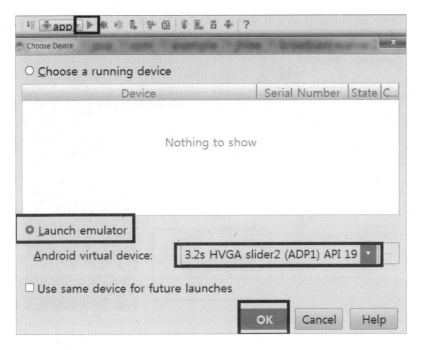

〈그림 37〉

실행 된 결과는 〈그림 38〉과 같고 "BroadCasting....." 이라는 메시지를 출력하고 아래쪽에 "ACTION:android.intent.action.BATTERY_CHANGED" 라는 "ACITON" 이 출력됨을 알 수 있다.

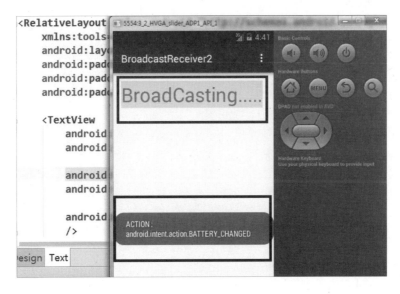

〈그림 38〉

이어서, 두 번째 "ACTION"이 수신된 결과는 〈그림 39〉와 같다.

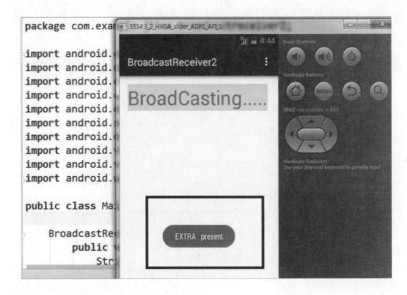

〈그림 39〉

이상으로 방송수신자의 두 번째 예를 마친다.

5.3 텔넷(Telnet)과 방송수신자

이번에는 텔넷(Telnet)을 이용해 메시지를 보내고 보내진 메시지가 방송수신자에 의해 어떻게 수신되는지를 알아보도록 한다. 앞의 프로젝트에 이어서 계속 실습하기로 한다. 앞에서 작성하던 프로젝트를 실행시킨다. 텔넷으로 접속하기 전에 반드시 먼저 안드로이드 실행 결과가 나타나 있어야 한다. 이어서, 텔넷을 실행시키기 위해 윈도우 좌측 하단의 "시작/제어판" 메뉴를 차례로 클릭한 다음, 〈그림 40〉과 같이 "프로그램 제거"를 더블 클릭한다.

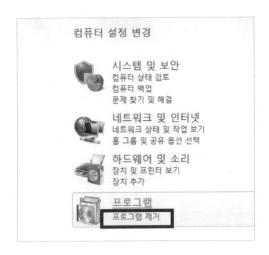

〈그림 40〉

이어서, 〈그림 41〉과 같이 "Windows 기능 사용/사용 안함"을 클릭한다.

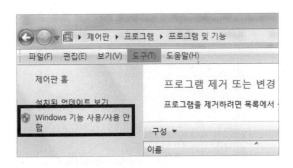

〈그림 41〉

〈그림 42〉와 같이 "텔넷 서버와 텔넷 클라이언트"를 선택한 다음, 확인 버튼을 클릭한다.

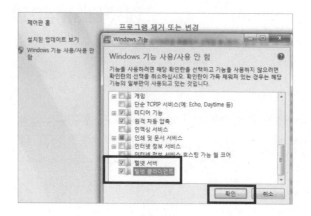

〈그림 42〉

〈그림 43〉과 같이 "시작"메뉴의 "검색입력창"에 "Telnet localhost 5554" 라고 입력한 다음, 엔터키를 눌러 실행시킨다.

〈그림 43〉

실행결과는 〈그림 44〉과 같다. 이때 반드시 앞에서 작성하던 프로젝트를 먼저 실행시켜 텔넷을 실행하여 접속하기 전에 실행 상태로 되어 있어야한다.

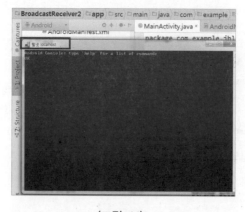

〈그림 44〉

〈그림 45〉와 같이 "텔넷" 창에 "power present false" 라고 입력하고 엔터키를 누른다. 실행결과는 오른쪽 창에 "ACTION: android.intent.action.BATTERY_ CHANGED" 라고 출력된다.

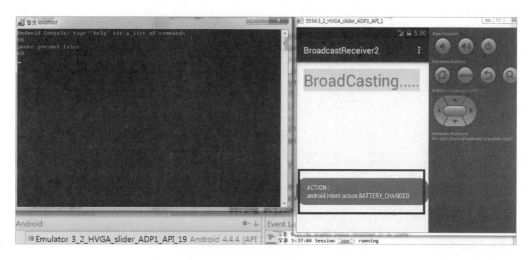

〈그림 45〉

이번에는 〈그림 46〉과 같이 "텔넷" 창에 "power present true" 라고 입력하고 엔터키를 누른다. 실행결과는 오른쪽 창에 "ACTION: android.intent.action. BATTERY_CHANGED" 라고 출력된다.

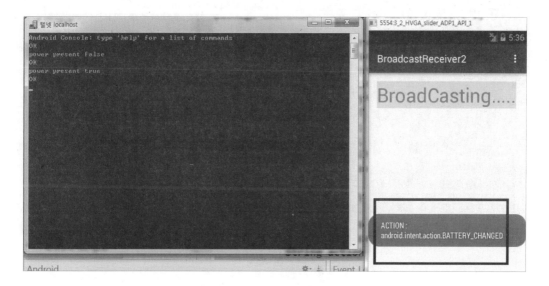

〈그림 46〉

이어서 〈그림 47〉과 같이 "텔넷" 창에 "power ac off" 라고 입력하고 엔터키를 누른다. 실행결과는 오른쪽 창에 "ACTION: android.intent.action. BATTERY_CHANGED" 라고 출력된다.

〈그림 47〉

잠시 후 〈그림 48〉과 같이 프로젝트 실행 창의 전원이 없어진 것을 알 수 있다.

〈그림 48〉

같은 방법으로 "텔넷" 창에 "power ac on" 이라고 입력하고 엔터키를 누른다. 한참을 기다리면 〈그림 49〉와 같이 다시 초기 실행창이 동작되어 나타날 것이다.

〈그림 49〉

이상으로 방송수신자의 실습을 모두 마친다.

06

인트로 화면

이번 장에서는 프로젝트의 소개 화면에 해당하는 인트로 화면을 만들어 보기로 한다.
인트로 화면은 처음 5초간 나타났다가 자동으로 메인 화면으로 넘어가는 형태로 만들
것이다.

6.1 인트로 화면 만들기

새로운 프로젝트를 작성하기로 한다. "Android Studio"를 더블 클릭하여 실행시킨다. 〈그림 1〉과 같이 "Start a new Android Studio project"를 더블 클릭한다.

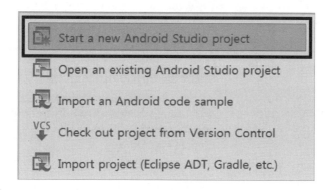

〈그림 1〉

〈그림 2〉와 같이 "Application Name" 란에 "Intro" 라고 입력 한 다음, "Next" 버튼을 클릭한다.

〈그림 2〉

〈그림 3〉과 같이 Minimum SDK를 "API 15: Android 4.0.3(IceCreamSand wich)"를 선택 한 다음 "Next" 버튼을 클릭한다.

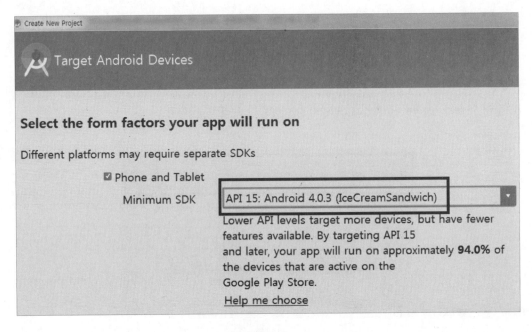

〈그림 3〉

〈그림 4〉와 같이 "Blank Activity"를 선택한 다음, "Next" 버튼을 클릭한다.

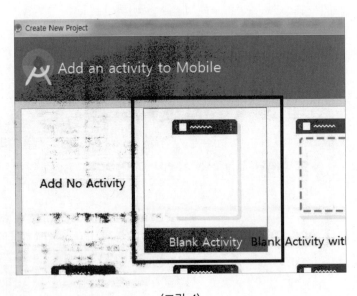

〈그림 4〉

이어서, "Finish" 버튼을 클릭한다. 〈그림 5〉와 같이 "Project", "Android", "res", "layout"을 차례로 클릭 한 다음, "activity_main.xml"을 더블 클릭한다.

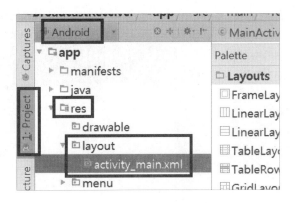

〈그림 5〉

〈그림 6〉과 같이 "Button"을 작성한다.

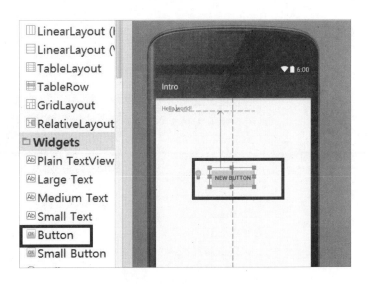

〈그림 6〉

버튼 텍스트 값을 변경하기 위해 〈그림 7〉과 같이 방금 작성한 "New Button"을 더블 클릭 한 다음, "Main" 이라고 입력 한다.

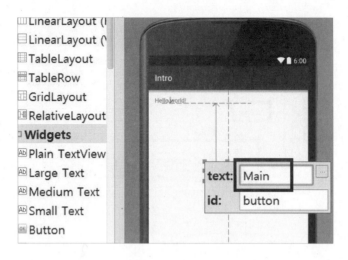

〈그림 7〉

버튼의 색을 변경하기 위해 〈그림 8〉과 같이 "activity_main_xml" 파일을 더블 클릭 한 다음, 아래쪽의 "Text"를 클릭 한다.

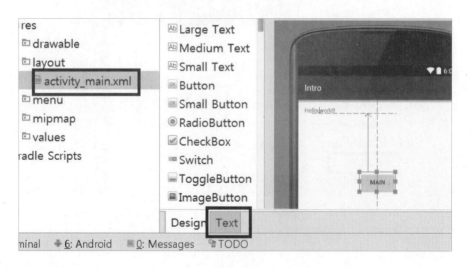

〈그림 8〉

〈그림 9〉와 같이 android:background="#ff00ff" 를 입력한다.

```
<Button
    android:layout_width="wrap_content"
    android:layout_height="wrap_content"

    android:text="Main"

    android:background="#ff00ff"


    android:id="@+id/button"
    android:layout_below="@+id/textView"
    android:layout_centerHorizontal="true"
    android:layout_marginTop="134dp" />
```

〈그림 9〉

이번에는 글자크기를 변경해보기 위해, 〈그림 10〉과 같이 android:textSize ="58sp" 이라고 입력한다.

```
<Button
    android:layout_width="wrap_content"
    android:layout_height="wrap_content"

    android:text="Main"
    android:background="#ff00ff"

    android:textSize="58sp"

    android:id="@+id/button"
    android:layout_below="@+id/textView"
    android:layout_centerHorizontal="true"
    android:layout_marginTop="134dp" />
```

〈그림 10〉

글자크기를 추가로 변경해보기 위해, 〈그림 11〉과 같이 android:layout_width ="fill_parent" 라고 입력한다.

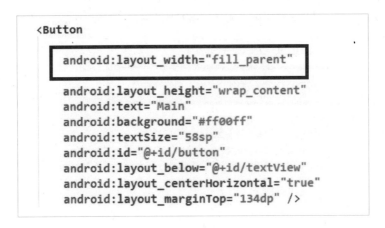

```
<Button

    android:layout_width="fill_parent"

    android:layout_height="wrap_content"
    android:text="Main"
    android:background="#ff00ff"
    android:textSize="58sp"
    android:id="@+id/button"
    android:layout_below="@+id/textView"
    android:layout_centerHorizontal="true"
    android:layout_marginTop="134dp" />
```

〈그림 11〉

지금까지 작성된 화면을 복사하기 위해 〈그림 12〉와 같이 "activity_ main.xml"을 클릭한 다음, "CTRL + C"키를 동시에 누른다.

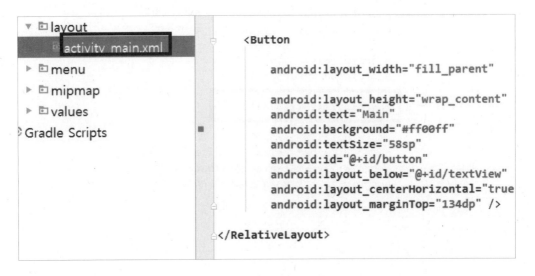

〈그림 12〉

이어서, "CTRL + V"키를 동시에 누른다. 대화상자가 나타나면, New name: 란에 "activity_intro.xml" 이라고 입력한 다음, "OK"를 클릭한다.

〈그림 13〉

〈그림 14〉와 같이 "activity_intro.xml" 의 코드 입력창에 android:text="Intro Screen" 과 android:background = "#8800ff"를 입력한다.

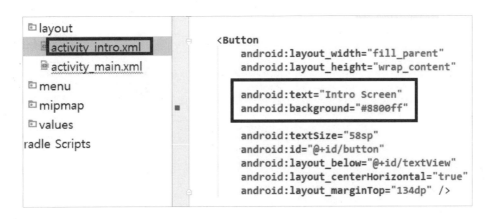

〈그림 14〉

〈그림 15〉와 같이 "MainActivity"를 클릭 한 다음, 마우스 우측 버튼을 누른다. 이어서, "New"와 "Java Class"를 차례로 클릭 한다.

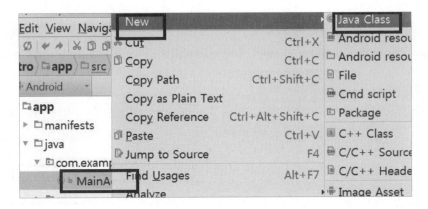

〈그림 15〉

〈그림 16〉과 같이 "Intro"라고 입력 한 다음 OK 버튼을 클릭한다.

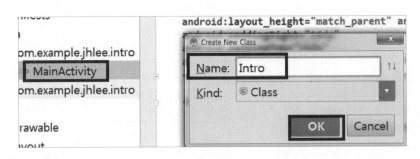

〈그림 16〉

〈그림 17〉과 같이 코드를 입력한다.

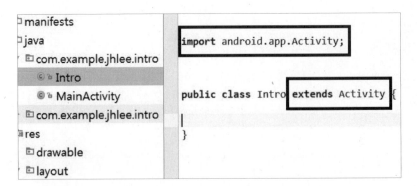

〈그림 17〉

입력된 코드는 다음과 같다.

```
import android.app.Activity;
public class Intro extends Activity {

}
```

〈그림 18〉과 같이 코드를 작성한다. 이때 "final Handler"에서 "Handler를 입력할 때 스페이스바나 엔터키를 누르면 않된다. 이런 키들을 누를 때는 주의해야 되는데, 원치 않은 클래스가 import될 수도 있기 때문이다. Handler에 해당되는 "import android.os.Handler;"가 정확히 import되어야 하기 때문이다.

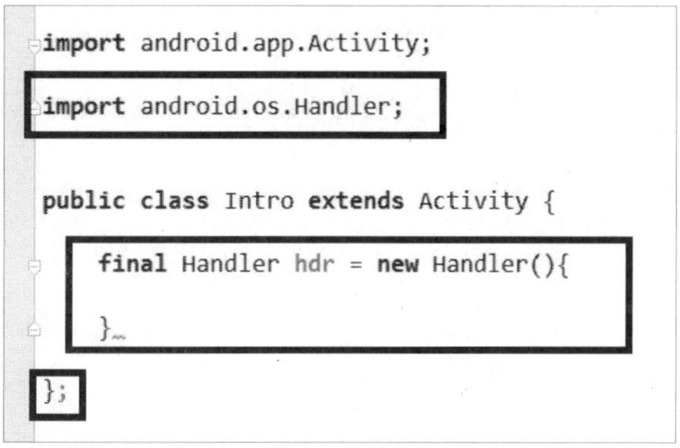

〈그림 18〉

입력된 코드는 다음과 같다.

```
import android.app.Activity;
import android.os.Handler;
public class Intro extends Activity {
    final Handler hdr = new Handler() {

        }
```

〈그림 19〉와 같이 코드를 완성한다.

```java
import android.app.Activity;
import android.content.Intent;
import android.os.Bundle;
import android.os.Handler;
import android.os.Message;

public class Intro extends Activity {
    final Handler hdr = new Handler() {
        public void handleMessage(Message msg) {
            Intent int1 = new Intent(Intro.this, MainActivity.class);
            int1.setFlags(Intent.FLAG_ACTIVITY_NEW_TASK);
            startActivity(int1);
            overridePendingTransition(0, 0);
            finish();
        }
    };
    @Override
    protected void onCreate(Bundle savedInstanceState) {
        super.onCreate(savedInstanceState);

        setContentView(R.layout.activity_intro);
        new Handler().postDelayed(new Runnable() {
            @Override
            public void run() {
                Message msg = hdr.obtainMessage();
                hdr.sendMessage(msg);
            }
        }, 5000);
    }
}
```

〈그림 19〉

```
import android.app.Activity;
import android.content.Intent;
import android.os.Bundle;
import android.os.Handler;
import android.os.Message;

public class Intro extends Activity {
    final Handler hdr = new Handler() {
        public void handleMessage(Message msg) {
            Intent int1 = new Intent(Intro.this, MainActivity.class);
            int1.setFlags(Intent.FLAG_ACTIVITY_NEW_TASK);
            startActivity(int1);
            overridePendingTransition(0, 0);
            finish();
        }
    };
    @Override
    protected void onCreate(Bundle savedInstanceState) {
        super.onCreate(savedInstanceState);

        setContentView(R.layout.activity_intro);
        new Handler().postDelayed(new Runnable() {
            @Override
            public void run() {
                Message msg = hdr.obtainMessage();
                hdr.sendMessage(msg);
            }
        }, 5000);
    }
}
```

〈그림 20〉과 같이 "AndroidManifest.xml" 을 더블 클릭한다.

〈그림 20〉

〈그림 21〉과 같이 사각형으로 표시한 "〈activity ... 〈/activity〉"를 모두 복사해서 바로 아래쪽에 똑같이 하나 더 붙여 넣는다.

```xml
<application
    android:allowBackup="true"
    android:icon="@mipmap/ic_launcher"
    android:label="Intro"
    android:theme="@style/AppTheme" >

    <activity
        android:name=".MainActivity"
        android:label="Intro" >
        <intent-filter>
            <action android:name="android.intent.action.MAIN" />

            <category android:name="android.intent.category.LAUNCHER" />
        </intent-filter>
    </activity>

</application>
```

〈그림 21〉

붙여넣기한 코드를 〈그림 22〉과 같이 수정한다.

```
<application
    android:allowBackup="true"
    android:icon="@mipmap/ic_launcher"
    android:label="@string/app_name"
    android:theme="@style/AppTheme" >

    <activity
        android:name=".Intro"
        android:label="@string/app_name" >
        <intent-filter>
            <action android:name="android.intent.action.MAIN" />
            <category android:name="android.intent.category.LAUNCHER" />
        </intent-filter>
    </activity>

    <activity
        android:name=".MainActivity"
        android:label="@string/app_name" >
        <intent-filter>
            <action android:name="android.intent.action.MAIN" />
            <category android:name="android.intent.category.LAUNCHER" />
        </intent-filter>
    </activity>

</application>
```

〈그림 22〉

최종적으로 작성된 코드는 아래와 같다.

```
<activity
    android:name=".Intro"
    android:label="@string/app_name" >
    <intent-filter>
        <action android:name="android.intent.action.MAIN" />
        <category android:name="android.intent.category.LAUNCHER" />
    </intent-filter>
</activity>

<activity
    android:name=".MainActivity"
    android:label="@string/app_name" >
    <intent-filter>
        <action android:name="android.intent.action.MAIN" />
        <category android:name="android.intent.category.LAUNCHER" />
    </intent-filter>
</activity>
```

프로젝트를 실행시킨다. 실행된 결과는 〈그림 23〉과 같이 초기 화면이 나타난다.

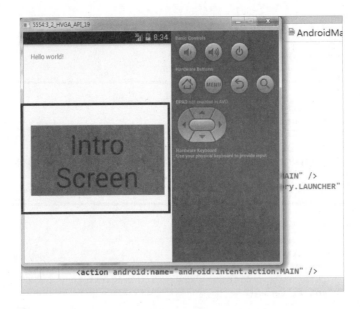

〈그림 23〉

5초 후에 〈그림 24〉와 같이 나타난다.

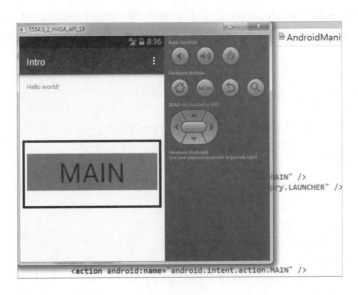

〈그림 24〉

이상으로 인트로 화면의 실습을 모두 마친다.

07
한글 키보드 사용하기

이번 장에서는 가상장치에 한글 키보드를 이용하는 방법을 알아본다. 먼저, 구글 한글 키보드를 다운로드 한 다음, 한글 입력을 테스트할 가상 장치를(Virtual Device) 만든다. 이어서, 작성된 가상장치에 한글을 적용하는 방법을 알아본다.

구글 한글 키보드 다운로드하기

한글 키보드를 사용하기 위해 한글 지원 앱을 구글 사이트 등을 통해 무료로 쉽게 다운로드 받을 수 있다. 한글 지원 앱은 google_0.82.apk, hangulkeyboard. apk 등이 있는데, hangulkeyboard .apk는 일부 안드로이드 버전에서 잘 동작되지 않았다. 본 교재에서는 google_0.82.apk를 다운 받아 사용하기로 한다. 다운받은 파일은 adb.exe 파일을 이용해서 7.3절에서 가상장치에 설치할 것이다. 따라서, 다운 받은 google_0.82.apk 파일을 adb.exe 파일이 있는 같은 위치에 옮겨 놓는다. 즉, c:₩users₩계정명₩appdata₩local₩android₩ sdk₩platform-tools 폴더 아래로 google_0.82.apk 파일을 옮긴다.

한글 앱을 가상장치에 설치할 때는 7.2절에서 만들 가상장치가 반드시 1개만 실행상태에 있어야 한다.(여러 개의 가상 장치가 존재하는 경우, 설치가 잘 안됨을 주의해야 한다.)

7.2 가상 장치(Virtual Device) 만들기

새로운 프로젝트를 작성하기로 한다. "Android Studio"를 더블 클릭하여 실행시킨다. 〈그림 1〉과 같이 "Start a new Android Studio project"를 더블 클릭한다.

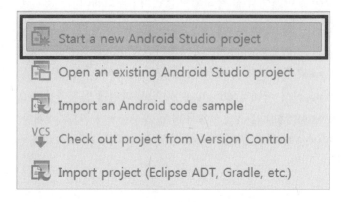

〈그림 1〉

〈그림 2〉와 같이 "Application Name" 란에 "hanKbd" 라고 입력 한 다음, "Next" 버튼을 클릭한다.

〈그림 2〉

〈그림 3〉과 같이 Minimum SDK를 "API 15: Android 4.0.3(IceCreamSand wich)"를 선택 한 다음 "Next" 버튼을 클릭한다.

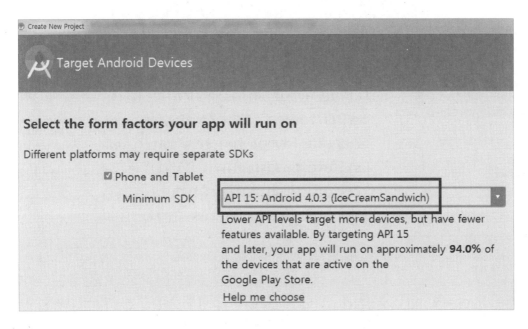

〈그림 3〉

〈그림 4〉와 같이 "Blank Activity"를 선택한 다음, "Next" 버튼을 클릭한다.

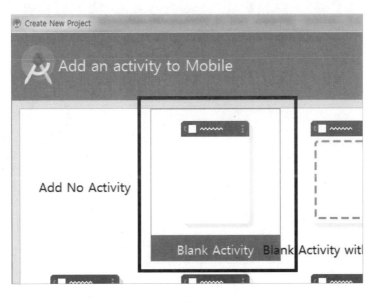

〈그림 4〉

이어서, "Finish" 버튼을 클릭한다. 〈그림 5〉와 같이 "AVD Manager"를 클릭한다.

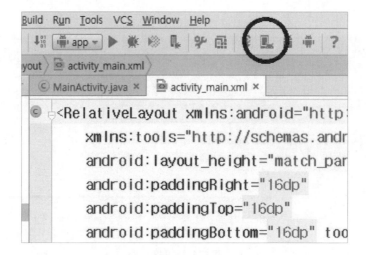

〈그림 5〉

만약 기존에 사용하던 가상장치가 없다면, 〈그림 6〉과 〈그림 7〉 부분을 건너뛰어 〈그림 8〉부터 작업하면 된다. 그렇지 않고 기존에 사용하던 장치가 2개 이상 있으면 한글 설치 시에 에러가 발생함으로 기존의 가상장치를 모두 삭제하기를 권장한다. 〈그림 6〉과 같이 역삼각형을 클릭한 다음 Delete키를 누른다.

CPU/ABI	Size on Disk	Actions
x86	650 MB	▶ ▼

〈그림 6〉

〈그림 7〉과 같이 "Yes"를 클릭한다.

Target	CPU/ABI	Size on Disk	
Google APIs	x86	650 MB	

Confirm Deletion

? Do you really want to delete AVD Nexus_5_API_23?

Yes No

〈그림 7〉

〈그림 8〉과 같이 "Create a virtual device"를 클릭한다.

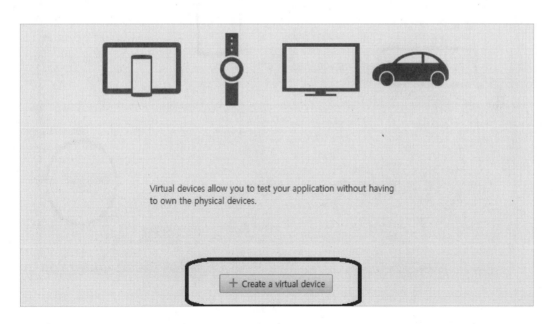

Virtual devices allow you to test your application without having
to own the physical devices.

+ Create a virtual device

〈그림 8〉

〈그림 9〉와 같이 "3.2" HVGA slider (ADP1)"을 클릭한다. 이어서, 오른쪽 아래 부분에 있는 "Clone Device…"를 클릭한다.

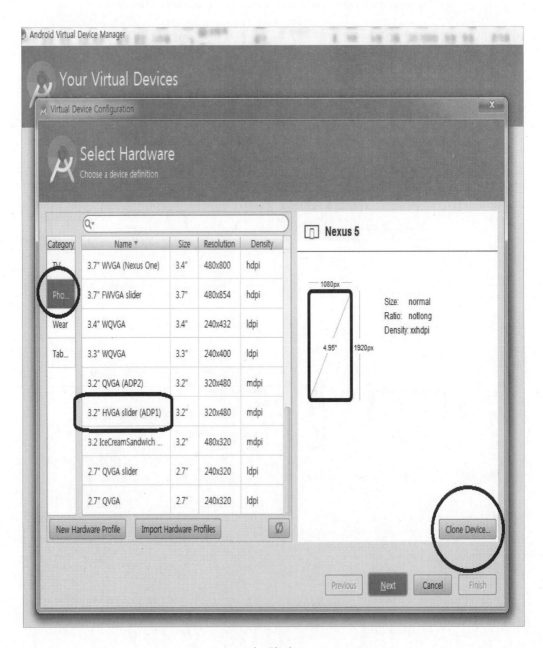

〈그림 9〉

〈그림 10〉과 같이 "Portrait"의 체크 표시만 남겨두고 모두 체크 해제시킨다. 그 외 나머지 부분은 다음 단계에서 수정하도록 한다. "OK"를 클릭한다.

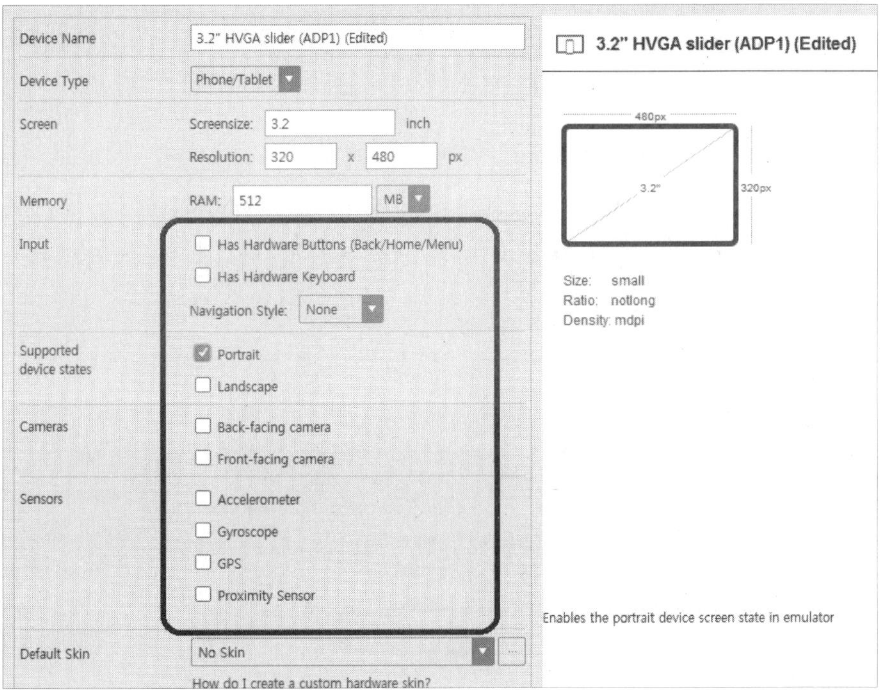

〈그림 10〉

〈그림 11〉과 같이 "Next"를 클릭한다.

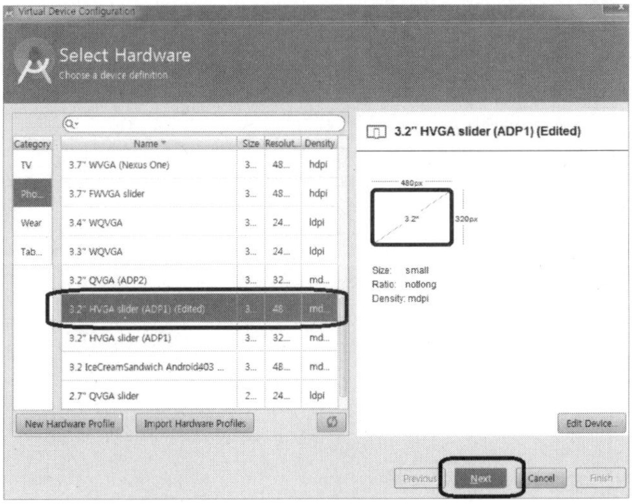

〈그림 11〉

만약 〈그림 12〉와 같이 기존에 다운받아 사용하던 "IceCreamSandwich API Level 15 armeabi -v7a" 버전이 있다면, 그것을 클릭하여 선택 하고 "Next" 버튼을 클릭한다(그 다음, 곧 바로 〈그림 16〉 부분부터 이어서 실습하면 된다).

만약 "IceCreamSandwich API Level 15 armeabi-v7a" 버전이 설치 된 적이 없다면, 아래쪽의 "Show downloadable system images"의 체크 박스를 체크한다(이어서, 〈그림 13〉 부분으로 넘어간다).

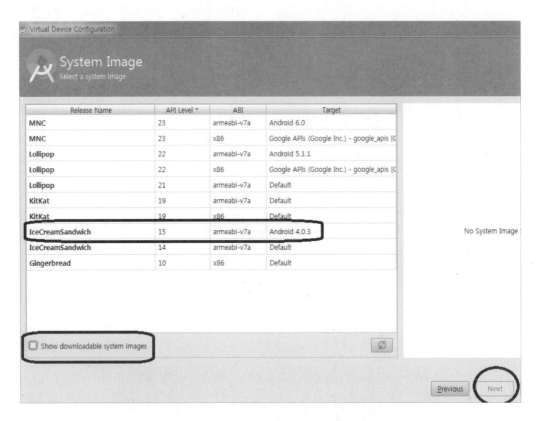

〈그림 12〉

〈그림 13〉과 같이 "IceCreamSandwich API Level 15 armeabi-v7a" 버전의 오른쪽에 있는
"Download"를 클릭하여 system image를 다운 받는다. (참고로, 이미 다운받아 설치된 경우는
〈그림 13〉과 같이 "Download" 가 나타나지 않는다.)

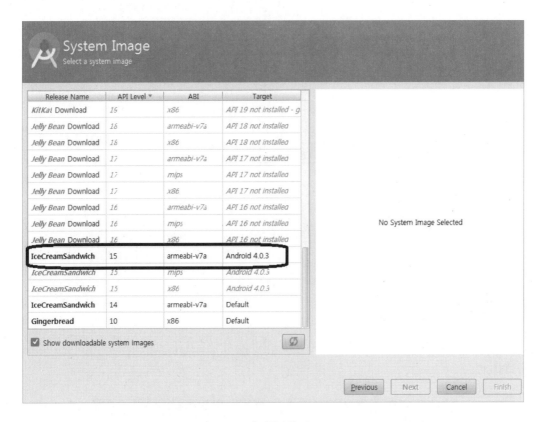

〈그림 13〉

〈그림 14〉와 같이 "Finish" 버튼을 클릭한다.

〈그림 14〉

〈그림 15〉와 같이 "IceCreamSandwich API Level 15 armeabi-v7a" 버전을 클릭하여 선택하고 "Next" 버튼을 클릭 한다.

〈그림 15〉

〈그림 16〉과 같이 AVD Name을 "hanKbd API 15"라고 작성하고 "Show Advanced Settings"를 클릭한다.

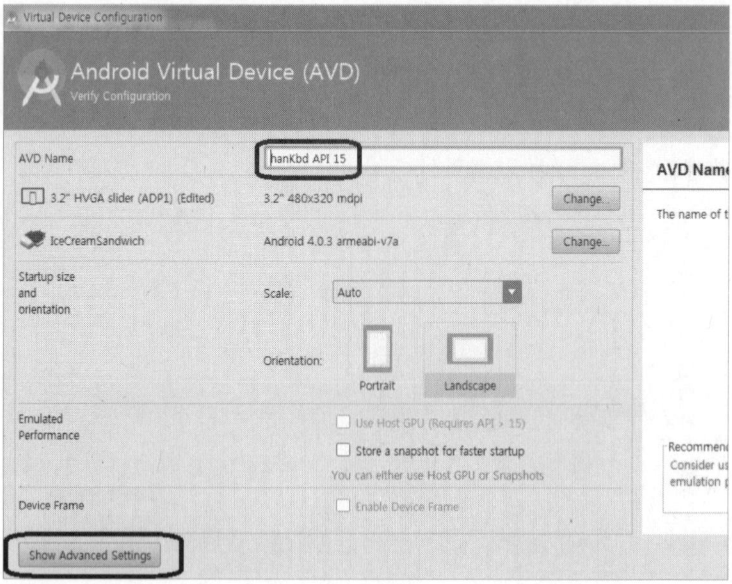

〈그림 16〉

〈그림 17〉과 같이 "Portrait"를 클릭하고 "Store a snapshot for faster startup"를 체크한다.
RAM(388), SD card(32)와 같이 입력한다.

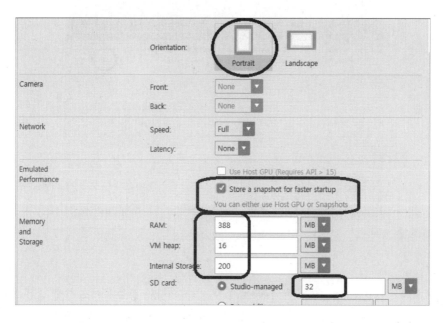

〈그림 17〉

〈그림 18〉과 같이 "Enable keyboard input"의 체크상태를 해제한다. 이어서, "Finish" 버튼을
클릭한다.

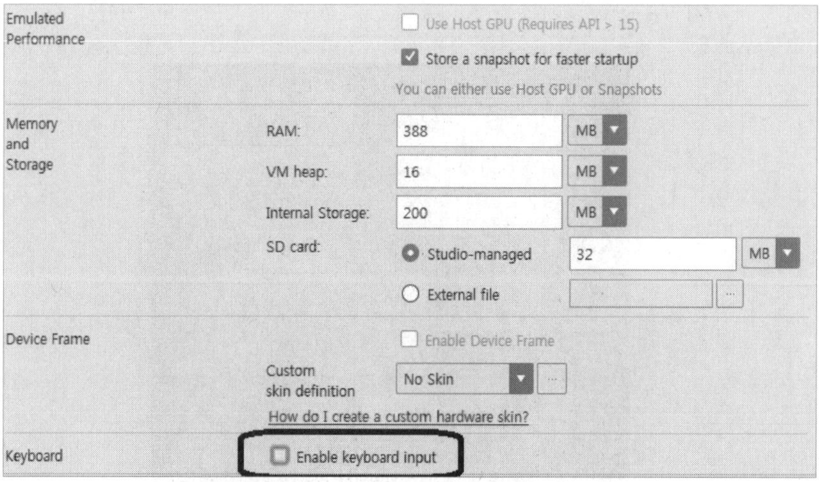

〈그림 18〉

〈그림 19〉와 같이 삼각형 모양을 클릭하여 방금 작성된 가상장치를 실행시킨다.

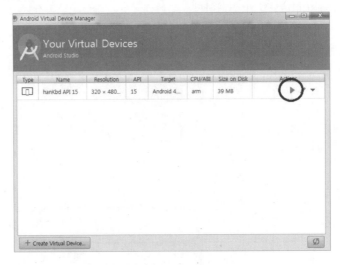

〈그림 19〉

실행된 결과는 〈그림 20〉과 같다. 이어서, AVD Manager 창만 종료시키고 실행 창은 그대로 남겨놓는다(주의, AVD Manager는 반드시 종료시켜야 이어지는 7.3절의 실습에서 에러가 발생되지 않는다).

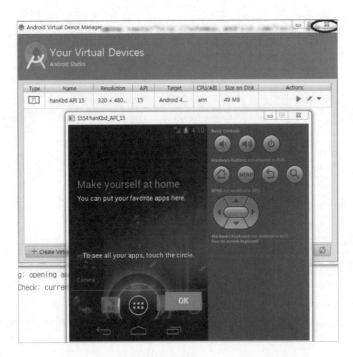

〈그림 20〉

7.3 가상장치에 한글 설정하기

앞 절에 이어서, 계속 실습하기로 한다. 가상장치에 한글을 설정하기 위해서는 가상장치가 실행되어 있는 상태이어야 한다. 〈그림 21〉과 같이 "명령프롬프트"를 띄운 다음, adb.exe와 다운받은 google_0.82.apk 파일이 있는 위치로 이동한다. 즉, c:₩users₩사용자명₩appdata₩local₩android₩sdk₩platform-tools 폴더로 이동한다.

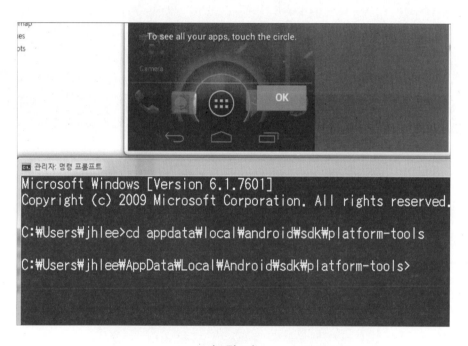

〈그림 21〉

즉, 위에서 입력한 명령은 다음과 같다.

c:₩users₩사용자명〉cd appdata₩local₩android₩sdk₩platform-tools(엔터)

이어서, 〈그림 22〉와 같이 명령을 실행시킨다.

"c:₩users₩사용자명₩appdata₩local₩android₩sdk₩platform-tools〉adb install google _0.82.apk(엔터)" 와 같이 실행시킨다. "Success" 가 나오면 가상장치에 한글이 잘 설치된 것이다. "명령프롬프트" 창은 닫는다.

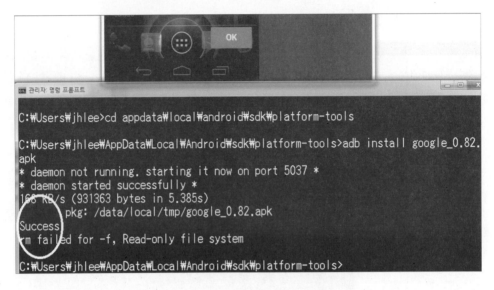

〈그림 22〉

〈그림 23〉과 같이 "OK" 버튼을 클릭한다.

〈그림 23〉

〈그림 24〉와 같이 "원"으로 표시한 부분을 클릭한다.

〈그림 24〉

〈그림 25〉와 같이 "Settings"을 클릭한다.

〈그림 25〉

〈그림 26〉과 같이 "Language & input"을 클릭한다.

〈그림 26〉

〈그림 27〉과 같이 "Language"을 클릭한다.

〈그림 27〉

〈그림 28〉과 같이 "한국어"를 클릭한다.

〈그림 28〉

〈그림 29〉와 같이 "구글 한글 키보드"의 체크를 설정하고 대화상자가 나타나면 "확인" 버튼을 클릭한다.

〈그림 29〉

〈그림 30〉과 같이 "기본값"을 클릭한다.

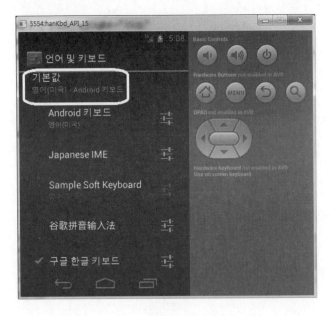

〈그림 30〉

〈그림 31〉과 같이 "구글 한글 키보드"를 클릭한다.

〈그림 31〉

최종적으로 설정된 결과는 〈그림 32〉와 같다.

〈그림 32〉

이상으로 한글 키보드 사용하기의 실습을 모두 마친다.

08

데이터베이스 (DataBase)
프로그래밍 1

이번 장에서는 MySQL 데이터베이스를 이용한 데이타베이스 프로그램을 만들어 보기로 한다. 데이터베이스와 테이블을 생성하고 생성된 테이블에 데이터를 입력하고 테이블의 내용을 검색하는 방법을 알아본다. 이어서, root계정의 관리자 비밀번호를 분실하였을 경우 관리자 비밀번호를 재설정하는 방법을 알아보기로 한다.

8.1 데이타베이스 생성하기(MySQL 버전)

새로운 프로젝트를 작성하기로 한다. "Android Studio"를 더블 클릭하여 실행시킨다. 〈그림 1〉과 같이 "Start a new Android Studio project"를 더블 클릭한다.

〈그림 1〉

〈그림 2〉와 같이 "Application Name" 란에 "DB" 라고 입력 한 다음, "Next" 버튼을 클릭한다.

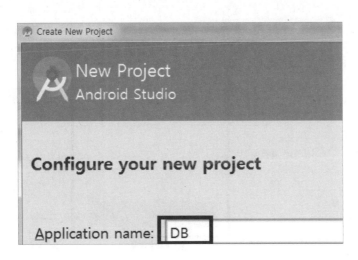

〈그림 2〉

〈그림 3〉과 같이 Minimum SDK를 "API 15: Android 4.0.3(IceCreamSand wich)"를 선택 한 다음 "Next" 버튼을 클릭한다.

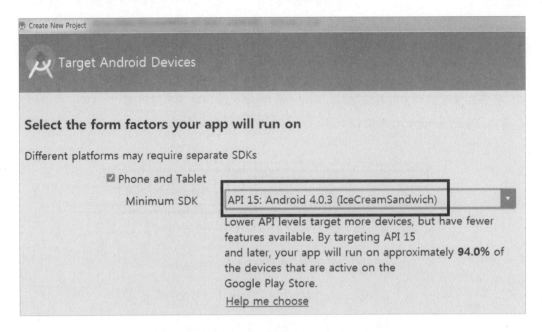

〈그림 3〉

〈그림 4〉와 같이 "Blank Activity"를 선택한 다음, "Next" 버튼을 클릭한다.

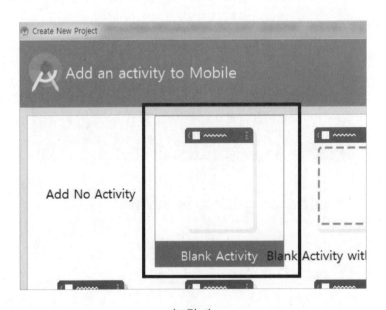

〈그림 4〉

〈그림 5〉와 같이 "Activity Name"에 "makeDB" 라고 입력한다.

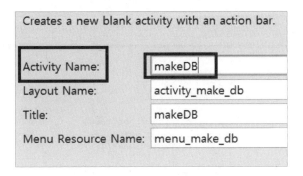

〈그림 5〉

이어서, "Finish" 버튼을 클릭한다. 〈그림 6〉과 같이 "app", "Java", "Com. example…db"를 차례로 클릭 한 다음, "makeDB"를 더블 클릭한다.

〈그림 6〉

〈그림 7〉과 같이 코드를 수정한다.

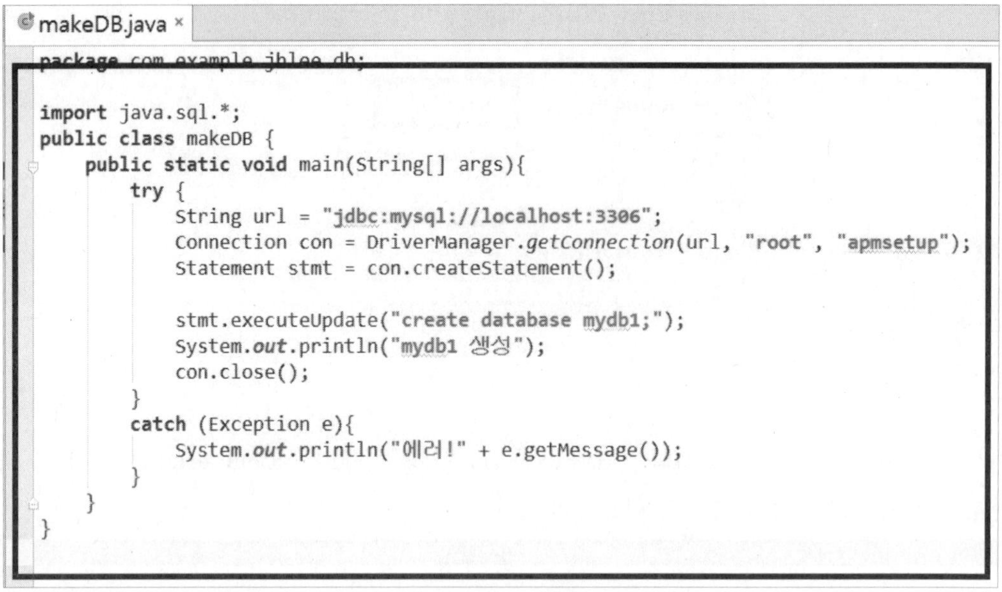

```
makeDB.java ×
    package com example jhlee db;

    import java.sql.*;
    public class makeDB {
        public static void main(String[] args){
            try {
                String url = "jdbc:mysql://localhost:3306";
                Connection con = DriverManager.getConnection(url, "root", "apmsetup");
                Statement stmt = con.createStatement();

                stmt.executeUpdate("create database mydb1;");
                System.out.println("mydb1 생성");
                con.close();
            }
            catch (Exception e){
                System.out.println("에러!" + e.getMessage());
            }
        }
    }
```

〈그림 7〉

수정된 코드는 다음과 같다.

```
import java.sql.*;
public class makeDB {
    public static void main(String[] args){
        try {
            String url = "jdbc:mysql://localhost:3306";
            Connection con = DriverManager.getConnection(url, "root", "apmsetup");
            Statement stmt = con.createStatement();
            stmt.executeUpdate("create database mydb1;");
            System.out.println("mydb1 생성");
            con.close();
        }
        catch (Exception e){
            System.out.println("에러!" + e.getMessage());
        }
    }
}
```

작성된 코드를 실행하여 "mydb1"이라는 데이터베이스를 생성하기 전에 MySQL 데이타베이스 시스템을 설치한다. 만약, 이미 APMSETUP을 이용해 MySQL을 설치하였다면, 아래의 설치과정을 생략해도 된다. 설치를 위해서는 "http://www.apmsetup.com/"에서 〈그림 8〉과 같이 표시한 위치를 클릭한다.

〈그림 8〉

〈그림 9〉와 같이 "APMSETUP 7 DOWNLOAD" 위치를 클릭하여 설치파일을 다운로드받아 설치한다. 설치를 마친 다음, 관련된 환경변수를 설정해야한다. (설치에 관한 자세한 사항은 이 책의 범위를 벗어남으로 관련서적을 참고하기바람)

〈그림 9〉

APM이 정상적으로 설치되었다면, "http://localhost/"를 입력하면 〈그림 10〉과 같은 화면이 나타난다.

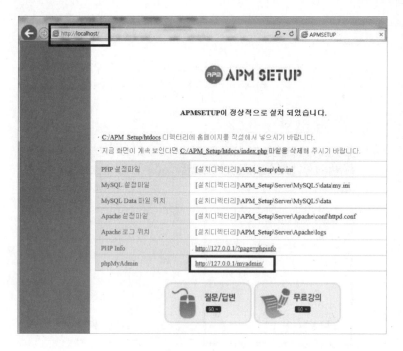

〈그림 10〉

앞의 〈그림 10〉에 있는 phpMyAdmin 바로 옆의 "http://127.0.0.1/myadmin/"를 클릭한다. 〈그림 11〉과 같이 "root"와 "apmsetup"을 입력한 다음, "실행"버튼을 클릭 한다.

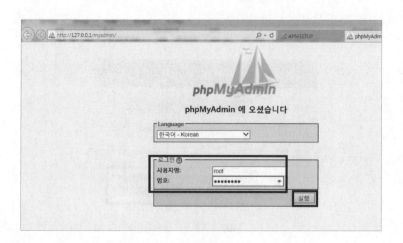

〈그림 11〉

〈그림 12〉와 같이 "phpMyAdmin"에 "mydb1"이 존재하는지를 확인한다. 만약, "mydb1"이 존재하면 그 db를 삭제하고 프로그램을 실행시켜야 한다. "mydb1"이 없으면 다음을 진행하면 된다.

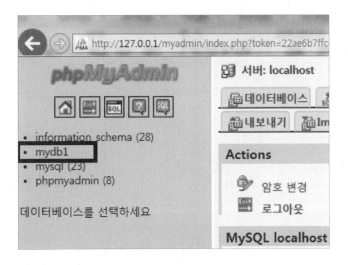

〈그림 12〉

〈그림 13〉과 같이 "makeDB"에서 마우스 우측 버튼을 누른 다음, 아래쪽의 "Run 'makeDB.main()'"를 클릭 한다.

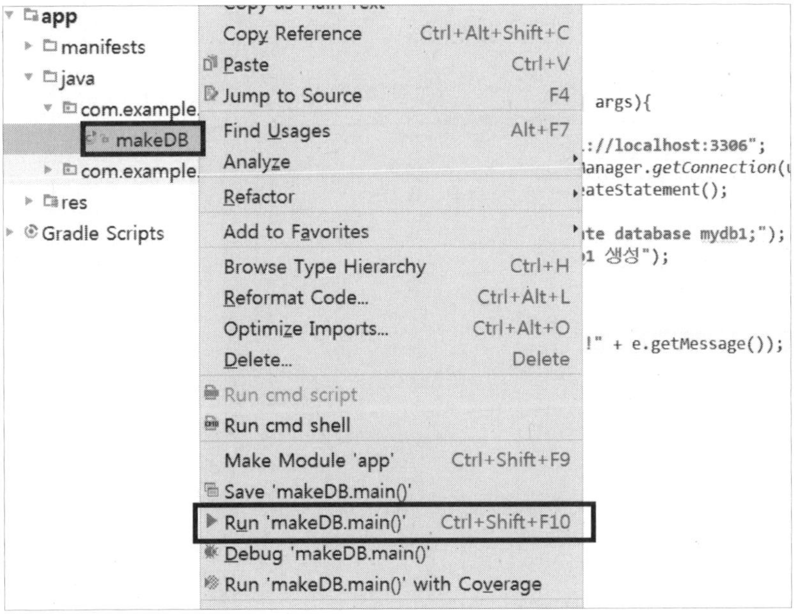

〈그림 13〉

실행 결과는 화면 아래쪽의 〈그림 14〉와 같다.

〈그림 14〉

〈그림 15〉와 같이 "mydb1"라는 데이터베이스 파일이 생성된 것을 확인 할 수 있다.

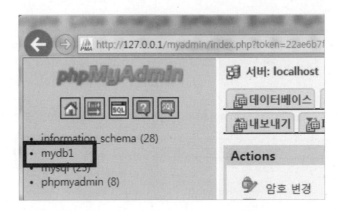

〈그림 15〉

이상으로 데이타베이스 생성하기의 실습을 마친다.

테이블 생성하기

앞에서 이어서, 테이블 생성하기를 실습하기로 한다. 〈그림 16〉과 같이 "makeDB"를 클릭 한 다음, "CTRL + C"키를 동시에 누른다. 이어서, "CTRL + V"키를 동시에 누른다.

〈그림 16〉

대화상자가 나타나면, 〈그림 17〉과 같이 New name: 란에 "makeTABLE" 이라고 입력한 다음, "OK"를 클릭한다.

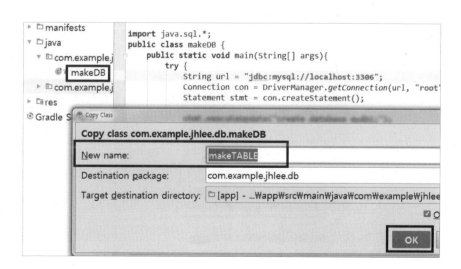

〈그림 17〉

〈그림 18〉과 같이 코드를 작성한다.

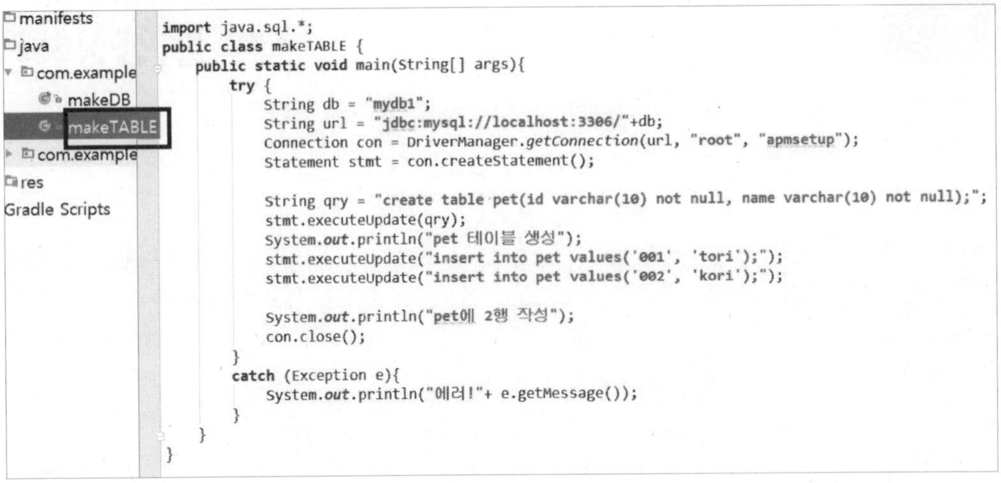

```
import java.sql.*;
public class makeTABLE {
    public static void main(String[] args){
        try {
            String db = "mydb1";
            String url = "jdbc:mysql://localhost:3306/"+db;
            Connection con = DriverManager.getConnection(url, "root", "apmsetup");
            Statement stmt = con.createStatement();

            String qry = "create table pet(id varchar(10) not null, name varchar(10) not null);";
            stmt.executeUpdate(qry);
            System.out.println("pet 테이블 생성");
            stmt.executeUpdate("insert into pet values('001', 'tori');");
            stmt.executeUpdate("insert into pet values('002', 'kori');");

            System.out.println("pet에 2행 작성");
            con.close();
        }
        catch (Exception e){
            System.out.println("에러!"+ e.getMessage());
        }
    }
}
```

〈그림 18〉

수정된 코드는 다음과 같다.

```
package com.example.jhlee.db;
import java.sql.*;
public class makeTABLE {
    public static void main(String[] args){
        try {
            String db = "mydb1";
            String url = "jdbc:mysql://localhost:3306/"+db;
            Connection con = DriverManager.getConnection(url, "root",
                "apmsetup");
            Statement stmt = con.createStatement();

            String qry = "create table pet(id varchar(10) not null, name
                varchar(10) not null);";
            stmt.executeUpdate(qry);
            System.out.println("pet 테이블 생성");
            stmt.executeUpdate("insert into pet values('001', 'tori');");
            stmt.executeUpdate("insert into pet values('002', 'kori');");

            System.out.println("pet에 2행 작성");
            con.close();
        }
        catch (Exception e){
            System.out.println("에러!"+ e.getMessage());
        }
    }
}
```

〈그림 19〉와 같이 "makeTABLE"를 클릭 한 다음, 마우스 우측 버튼을 누른다. 이어서, "Run 'makeTABLE.main()'"을 클릭 한다.

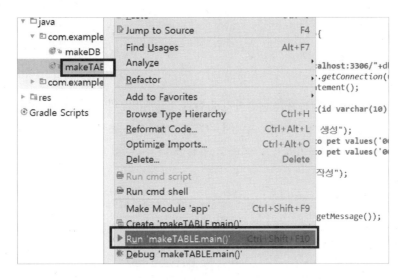

〈그림 19〉

실행결과는 〈그림 20〉과 같다.

〈그림 20〉

데이터베이스에 추가된 결과는 〈그림 21〉과 같다.

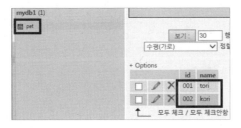

〈그림 21〉

이상으로 테이블 생성하기의 실습을 마친다.

테이블 조회하기

앞에서 이어서, 테이블 조회하기를 실습하기로 한다. 〈그림 22〉와 같이 "makeDB"를 클릭 한 다음, "CTRL + C"키를 동시에 누른다. 이어서, "CTRL + V"키를 동시에 누른다. 대화상자가 나타나면, New name: 란에 "qryTABLE" 이라고 입력한 다음, "OK"를 클릭한다.

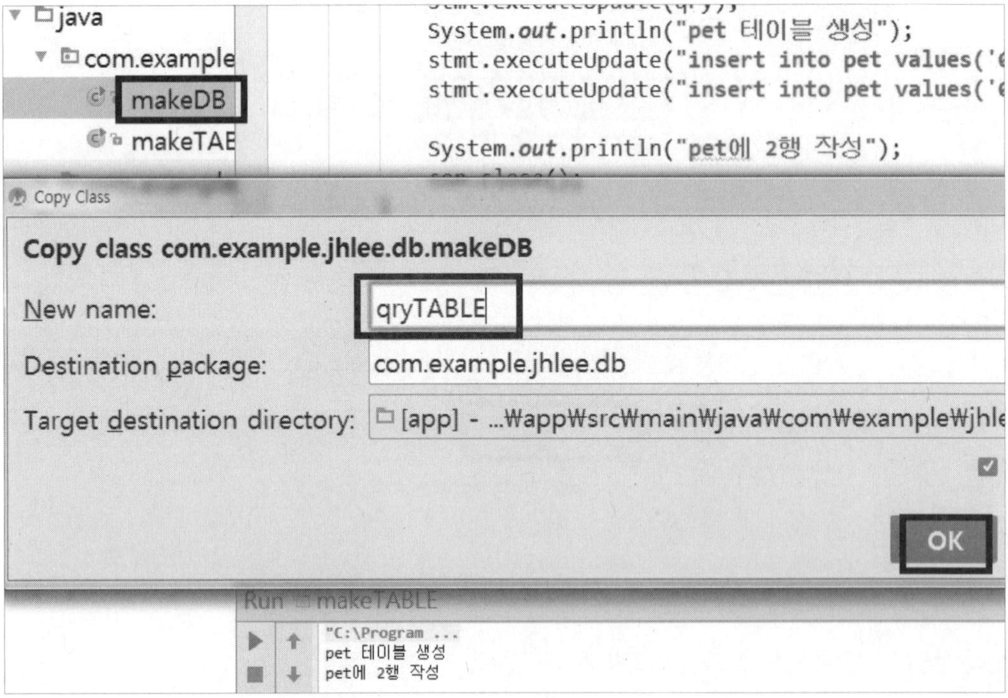

〈그림 22〉

〈그림 23〉과 같이 "qryTABLE" 파일에 코드를 입력한다.

```
manifests
java
  com.example.
    makeDB
    makeTAB
    qryTABLE
  com.example.
res
Gradle Scripts

import java.sql.*;
import java.sql.ResultSet;
public class qryTABLE {
    public static void main(String[] args){
        try {
            String db = "mydb1";
            String url = "jdbc:mysql://localhost:3306/"+db;
            Connection con = DriverManager.getConnection(url, "root", "apmsetup");
            Statement stmt = con.createStatement();

            String qry = "select * from pet;";
            ResultSet rst = stmt.executeQuery(qry);

            System.out.println("pet 테이블");
            while (rst.next()) {
                System.out.print(rst.getString(1) + "\t" + rst.getString(2) + "\n");
            }
            con.close();
        }
        catch (Exception e){
            System.out.println("에러!"+ e.getMessage());
        }
    }
}
```

〈그림 23〉

수정된 코드는 다음과 같다.

```
package com.example.jhlee.db;
import java.sql.*;
import java.sql.ResultSet;
public class qryTABLE {
    public static void main(String[] args){
        try {
            String db = "mydb1";
            String url = "jdbc:mysql://localhost:3306/"+db;
            Connection con = DriverManager.getConnection(url, "root",
              "apmsetup");
            Statement stmt = con.createStatement();

            String qry = "select * from pet;";
            ResultSet rst = stmt.executeQuery(qry);

            System.out.println("pet 테이블");
            while (rst.next()) {
                System.out.print(rst.getString(1) + "\t" +
                  rst.getString(2) + "\n");
            }
            con.close();
        }
        catch (Exception e){
            System.out.println("에러!"+ e.getMessage());
        }
    }
}
```

〈그림 24〉와 같이 "qryTABLE"를 클릭 한 다음, 마우스 우측 버튼을 누른다. 이어서, "Run 'qryTABLE.main()'"을 클릭 한다.

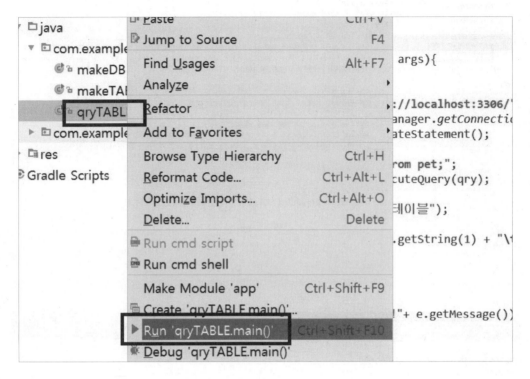

〈그림 24〉

실행결과는 〈그림 25〉와 같다.

〈그림 25〉

이상으로 테이블 조회하기의 실습을 마친다.

관리자 비밀번호 변경하기

APM이 정상적으로 설치되고 "http://localhost/"를 입력하면 〈그림 26〉과 같은 화면이 나타난다.

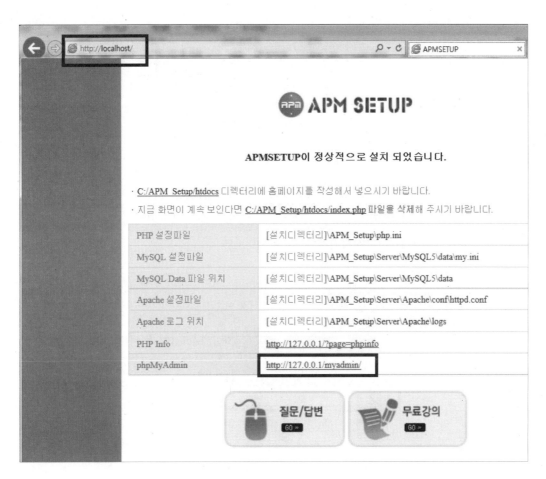

〈그림 26〉

앞의 〈그림 26〉에 있는 phpMyAdmin 바로 옆의 "http://127.0.0.1/myadmin/"를 클릭한다. 〈그림 27〉과 같이 사용자명과 암호에 각각 "root"와 "apmsetup"을 입력한 다음, "실행"버튼을 클릭 한다. 암호가 맞는다면 데이터베이스 시스템을 정상적으로 이용할 수 있을 것이다.

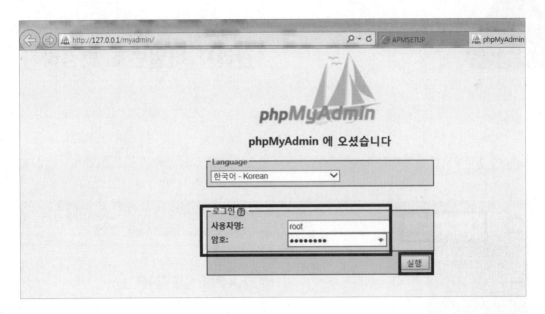

〈그림 27〉

그러나, 암호 "apmsetup"를 기억하지 못해 "apmsetup123"과 같은 다른 암호를 입력하는 경우 〈그림 28〉과 같이 "MySQL 서버에 로그인할 수 없습니다."라는 에러메세지가 뜬다. 이런 경우 다음과 같은 방법으로 암호를 재설정해야 한다.

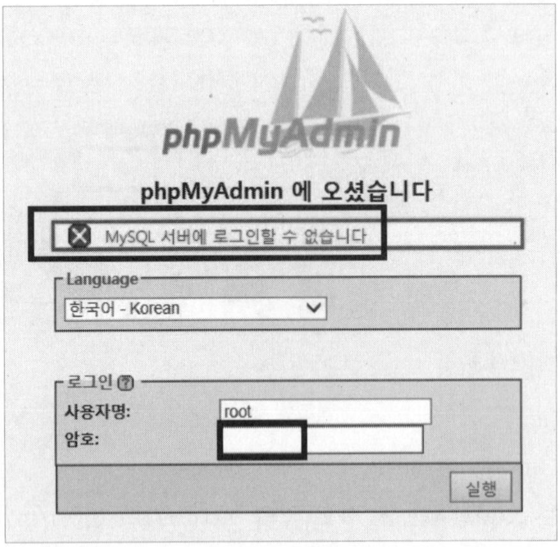

〈그림 28〉

먼저, MySQL서버의 서비스를 중단하기위해 "ALT+CTRL+DEL키"를 동시에 누른다. 작업관리자시작(T)를 클릭한다. 〈그림 29〉와 같이 "Windows 작업 관리자"의 "서비스"탭을 클릭한 다음, 아래쪽의 "서비스(S)…" 버튼을 클릭한다.

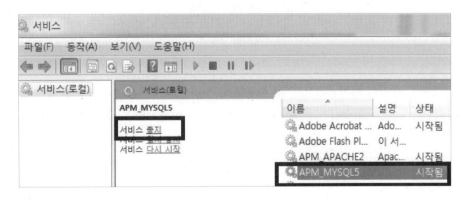

〈그림 29〉

〈그림 30〉과 같이 "APM_MYSQL5"를 클릭하여 선택한 다음, 가운데의 "서비스 중지"를 클릭한다.

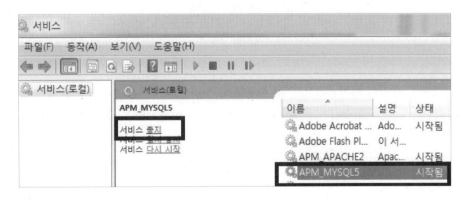

〈그림 30〉

잠시 후, 〈그림 31〉과 같은 상태가 되면 "APM_MYSQL5"의 서비스가 중지된 것이다.

〈그림 31〉

도스 창을 실행시킨 다음, 〈그림 32〉와 같이 "mysqld --skip-grant"를 입력한 다음, 엔터키를 누른다. 실행결과 커서가 깜박거리고 제어는 되지 않는 상태가 정상적으로 실행된 상태이다.

〈그림 32〉

(%참고 : 만약, APM의 환경변수 설정이 제대로 되어있지 않으면 mysqld.exe파일이 있는 위치 (C:\apm_setup\server\mysql5\bin)로 디렉토리를 변경시킨 다음, 실행해야함)

도스 창을 하나 더 실행시킨 다음, 〈그림 33〉과 같이 "C:\apm_setup\server\ mysql5 \bin>mysql -uroot"를 입력한 다음, 엔터키를 누른다. 실행결과는 그림과 같이 암호 없이 root계정만 가지고 mysql에 접속되었음을 알 수 있다.

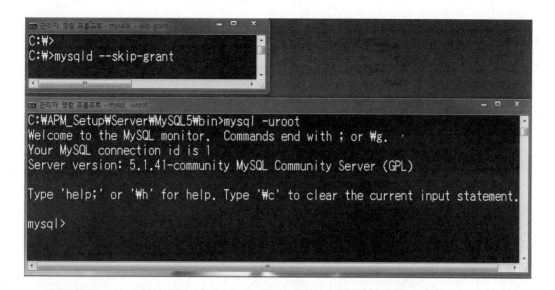

〈그림 33〉

〈그림 34〉와 같이 "mysql〉use mysql;" 이라고 입력하고 엔터키를 누른다. 이 명령은 사용자에 대한 계정 정보가 있는 mysql이라는 데이터베이스를 선택한 것이다.

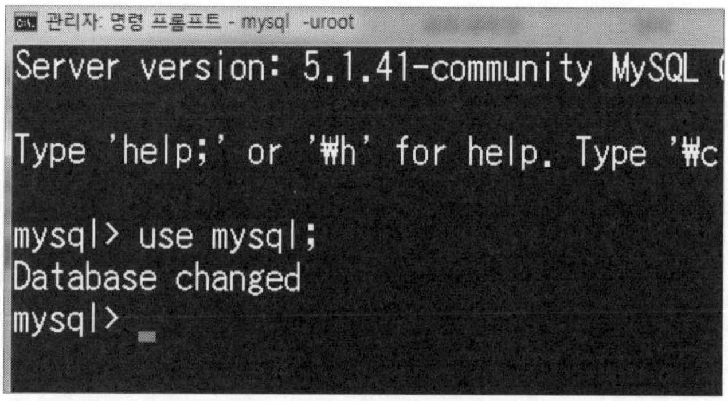

〈그림 34〉

〈그림 35〉와 같이 "mysql〉update user set password = password ('apmsetup8') where user ='root';" 라고 입력하고 엔터키를 누른다.
(%참고 : 'apmsetup8'는 테스트를 위한 임시 비밀번호임)

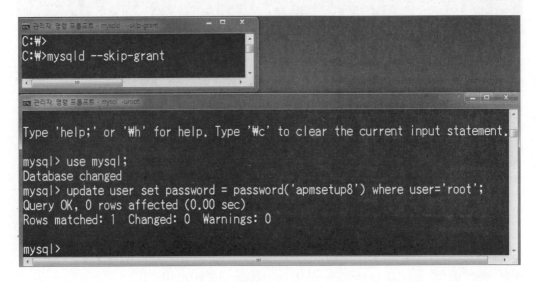

〈그림 35〉

〈그림 36〉과 같이 "mysql〉flush privileges;" 라고 입력한 다음, 엔터키를 누른다.

〈그림 36〉

〈그림 37〉과 같이 "http://127.0.0.1/myadmin/" 페이지로 접속한 다음, 새로 설정한 암호로 접속하기위해 "실행"버튼을 클릭한다.

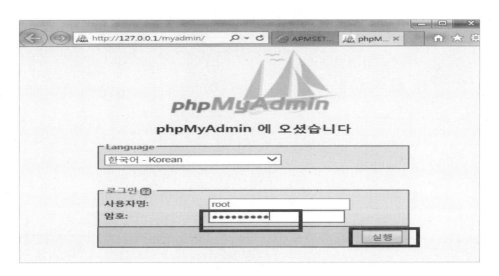

〈그림 37〉

결과는 〈그림 38〉과 같이 새로 설정된 암호로 잘 접속됨을 알 수 있다.

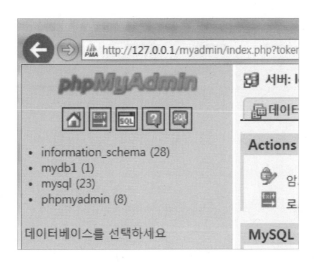

〈그림 38〉

이상으로 관리자 비밀번호 변경하기의 실습을 마친다.

09

데이터베이스 (DataBase) 프로그래밍 2

이번 장에서는 SQLite 데이터베이스를 이용한 데이타베이스 프로그램을 만들어 보기로 한다. 데이터베이스와 테이블을 생성하고 생성된 테이블에 데이터를 입력하고 테이블의 내용을 검색하는 방법을 알아본다.

9.1 데이터베이스와 테이블 생성하기(SQLite 버전)

새로운 프로젝트를 작성하기로 한다. "Android Studio"를 더블 클릭하여 실행시킨다. 〈그림 1〉과 같이 "Start a new Android Studio project"를 더블 클릭한다.

〈그림 1〉

〈그림 2〉와 같이 "Application Name" 란에 "DB2" 라고 입력 한 다음, "Next" 버튼을 클릭한다.

〈그림 2〉

〈그림 3〉과 같이 Minimum SDK를 "API 15: Android 4.0.3(IceCreamSand wich)"를 선택 한 다음 "Next" 버튼을 클릭한다.

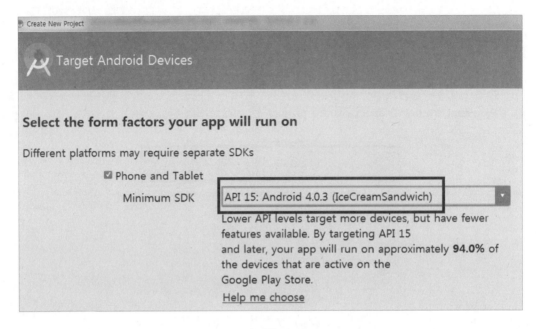

〈그림 3〉

〈그림 4〉와 같이 "Blank Activity"를 선택한 다음, "Next" 버튼을 클릭한다.

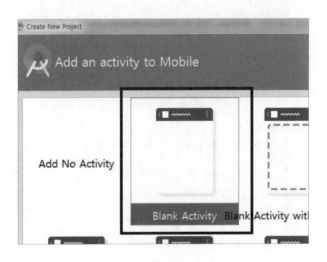

〈그림 4〉

〈그림 5〉와 같이 "Activity Name"에 "makeDB" 라고 입력한다.

Creates a new blank activity with an action bar.

Activity Name:	makeDB
Layout Name:	activity_make_db
Title:	makeDB
Menu Resource Name:	menu_make_db

〈그림 5〉

이어서, "Finish" 버튼을 클릭한다. 〈그림 6〉과 같이 "app", "Java", "Com. example…db2"를 차례로 클릭 한 다음, "makeDB"를 더블 클릭한다.

〈그림 6〉

〈그림 7〉과 같이 코드를 작성한다.

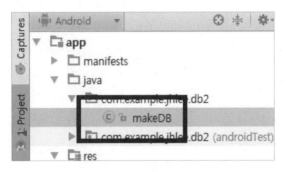

```
class dbtest extends SQLiteOpenHelper {
    public dbtest(Context context){
        super(context, "address.db", null, 1);
    }
    public void onCreate(SQLiteDatabase db){
        db.execSQL("create table phone( _id integer " +
        "primary key autoincrement, name text, tel text);");
    }
    public void onUpgrade(SQLiteDatabase db,
                          int oldVersion, int newVersion){
        db.execSQL("drop table if exists phone");
        onCreate(db);
    }
}
```

〈그림 7〉

```
class dbtest extends SQLiteOpenHelper {
public dbtest(Context context){
 super(context, "address.db", null,1); //"address.db"가 데이터베이스 이름
}
public void onCreate(SQLiteDatabase db){
 db.execSQL("create table phone( _id integer " +
 "primary key autoincrement, name text, tel text);");
}
public void onUpgrade(SQLiteDatabase db, int oldVersion, int newVersion){
 db.execSQL("drop table if exists phone");
 onCreate(db);
}
}
```

앞의 코드 super(context, "address.db", null, 1);에서 null은 표준 커서를 의미하며 숫자 1은 데이터베이스 버전을 의미한다. 위 코드("address.db")를 통해 "address" 라는 데이터베이스가 생성될 것이다. 이어서, onCreate()함수에서는 _id, name, text라는 세 개의 필드로 구성된 phone이라는 테이블이 생성될 것이다. 그러나, 아직 데이터베이스를 호출하는 코드가 작성되어 있지 않음으로 데이터베이스 생성은 안 되었고 아래의 추가코드를 작성한 다음 실행해야 한다. 이상으로 데이터베이스와 테이블 생성하기의 실습을 마친다.

9.2 테이블의 내용 입력하기

앞에 이어서 실습하기로 한다. 〈그림 8〉과 같이 "AppCompatActivity"를 "Activity"로 수정한다. 이어서, "Activity" 위에 커서를 놓은 다음, "ALT + ENTER"키를 동시에 누른다. "import android.app.Activity;" 코드가 자동으로 추가될 것이다.

```java
public class makeDB extends Activity {

    @Override
    protected void onCreate(Bundle saved
        super.onCreate(savedInstanceStat
        setContentView(R.layout.activity
    }
```

〈그림 8〉

다음은 데이터(레코드)를 입력할 화면을 디자인해야 한다. 〈그림 9〉와 같이 "res/layout" 아래의 "activity_make_db.xml"을 더블 클릭한다.

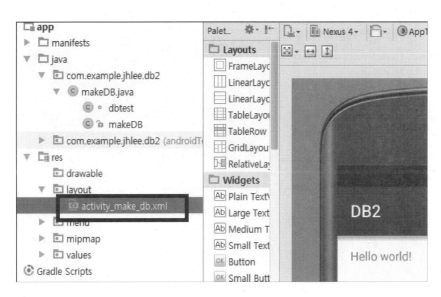

〈그림 9〉

〈그림 10〉과 같이 화면 안에 작성된 기존의 "TextView"를 클릭한 다음, DELETE 키를 눌러 삭제한다.

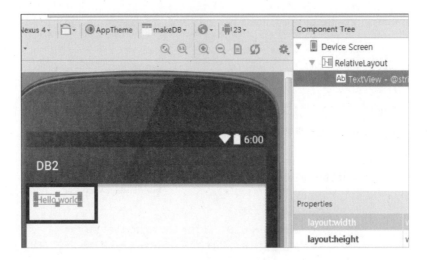

〈그림 10〉

이어서 〈그림 11〉과 같이 "LinearLayout(Horizontal)"을 클릭 한 다음, 디자인 화면의 왼쪽 위의 모서리 쪽으로 커서를 가져간다. 만약, "alignParentLeft"와 "alignParentTop" 이라는 도움(툴팁) 메시지가 나타나면, 커서를 클릭한다.

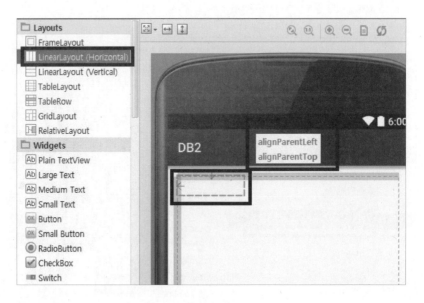

〈그림 11〉

방금 작성된 선형 레이아웃인 "LinearLayout(Horizontal)" 안에 두 개의 TextView와 두 개의 EditText를 배치할 것이다. 먼저, 〈그림 12〉와 같이 Plain TextView를 클릭한 다음, 앞서 작성한 LinearLayout위에 배치되도록 클릭한다.

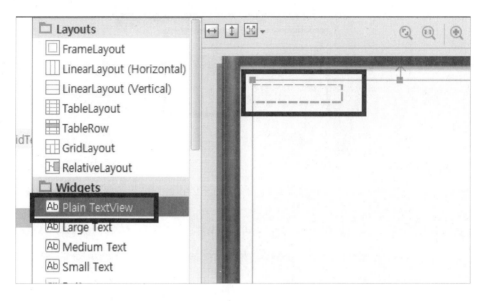

〈그림 12〉

결과는 〈그림 13〉과 같으며 방금 작성된 TextView를 더블 클릭한다.

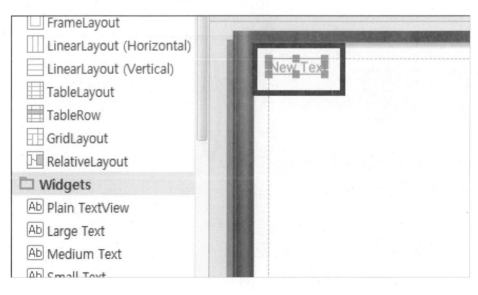

〈그림 13〉

〈그림 14〉와 같이 text: irum, id: tV1 이라고 작성한다.

〈그림 14〉

〈그림 15〉와 같이 Text Fields 아래의 "Plain Text"를 클릭한 채로 디자인 화면으로 드래그 한다. 앞서 작성한 TextView 바로 오른쪽에 추가하기 위해 타원으로 표시한 위치에 "녹색의 수직선"이 나타날 때 마우스 버튼을 놓는다.

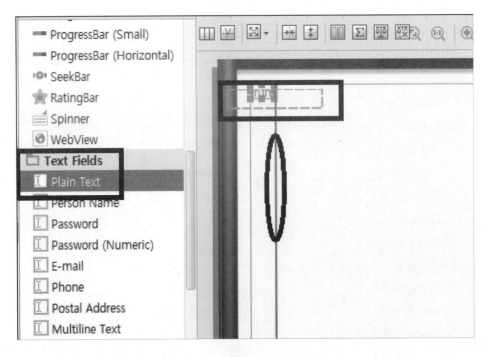

〈그림 15〉

같은 방법으로 〈그림 16〉과 같이 TextView를 작성한다.

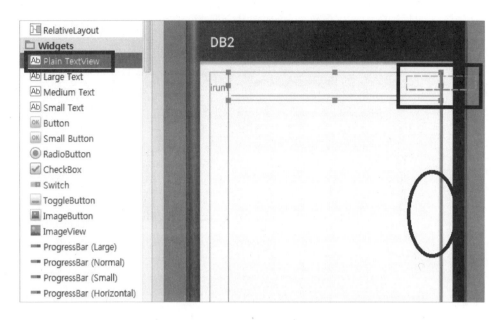

〈그림 16〉

결과는 〈그림 17〉과 같으며 방금 작성된 TextView를 더블 클릭한다.

〈그림 17〉

〈그림 18〉과 같이 text: tel no, id: tV2 라고 작성한다.

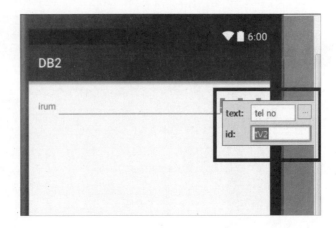

〈그림 18〉

앞의 〈그림 15〉와 같은 방법으로 Text Fields 아래의 "Plain Text"를 클릭한 채로 디자인 화면으로 드래그 한다. 앞서 작성한 TextView 바로 오른쪽에 추가하기 위해 타원으로 표시한 위치에 "녹색의 수직선"이 나타날 때 마우스 버튼을 놓는다.

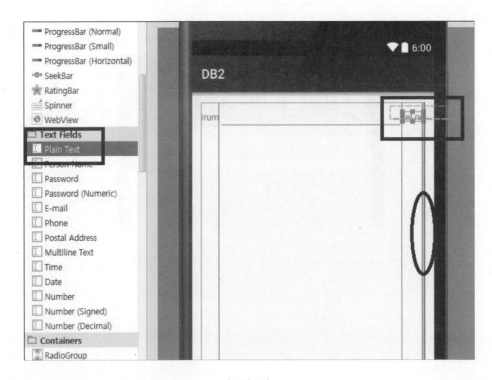

〈그림 19〉

결과는 〈그림 20〉과 같다.

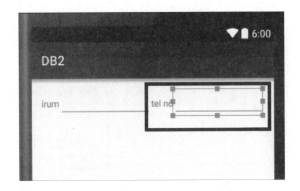

〈그림 20〉

앞서 작성된 두 개의 Text 에 ID를 부여하기 위해 〈그림 15〉에서 먼저 작성한 Text를 더블 클릭한다. 이어서, 〈그림 21〉과 같이 text: (공백), id: name 이라고 작성한다.

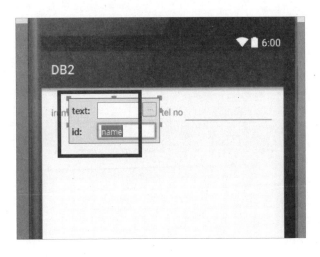

〈그림 21〉

앞의 〈그림 19〉에서 두 번째로 작성된 Text를 더블 클릭한다. 이어서, 〈그림 22〉와 같이 text: (공백), id: tel 이라고 작성한다.

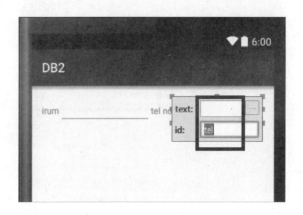

〈그림 22〉

다음은 두 번째 행 부분에 두 개의 버튼을 작성하기위해 〈그림 23〉과 같이 "LinearLayout (horizontal)"을 클릭한다.

〈그림 23〉

레이아웃을 수직방향으로 축소시키기 위해 〈그림 24〉에서 표시한 부분을 클릭한다. 즉, 레이아웃 높이를 TextView나 Text(콘텐트)의 크기에 맞추어 조정하는 과정이다.

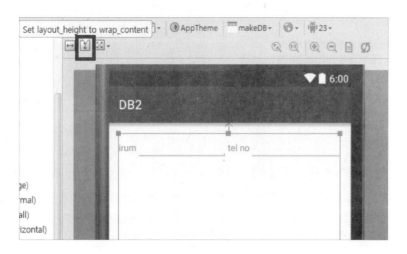

〈그림 24〉

결과는 〈그림 25〉와 같다.

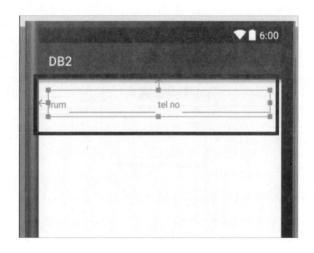

〈그림 25〉

〈그림 26〉과 같이 "LinearLayout(horizontal)"을 클릭한다.

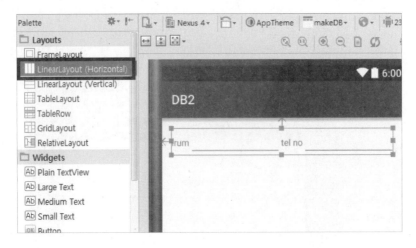

〈그림 26〉

〈그림 27〉과 같이 아래쪽의 사각형으로 표시한 위치를 클릭한다.

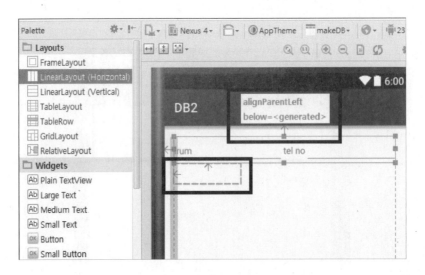

〈그림 27〉

〈그림 28〉과 같이 두 개의 버튼을 추가할 새로운 레이아웃이 생성되었다.

〈그림 28〉

〈그림 29〉와 같이 Button을 클릭한다.

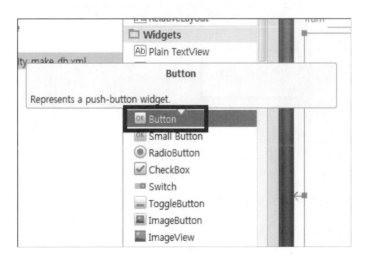

〈그림 29〉

〈그림 30〉과 같이 두 번째 레이아웃의 안쪽 모서리에 Button을 작성한다.

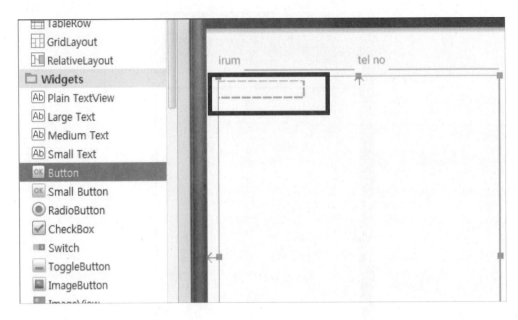

〈그림 30〉

방금 작성된 버튼은 〈그림 31〉과 같다.

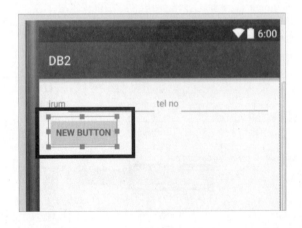

〈그림 31〉

방금 작성한 버튼을 더블 클릭한다. 이어서, 〈그림 32〉와 같이 text: insert, id: insert1 이라고
작성한다.

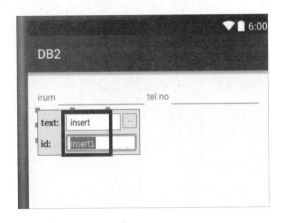

〈그림 32〉

결과는 〈그림 33〉과 같고 버튼을 하나 더 작성하기위해 Button을 클릭 한다.

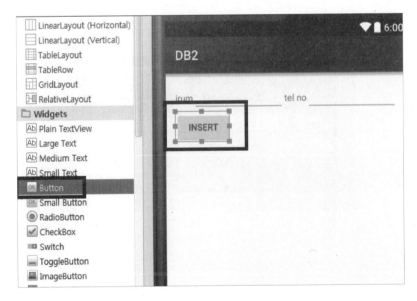

〈그림 33〉

〈그림 34〉와 같이 타원으로 표시한 위치에 녹색선이 나타나면 버튼을 클릭 한다.

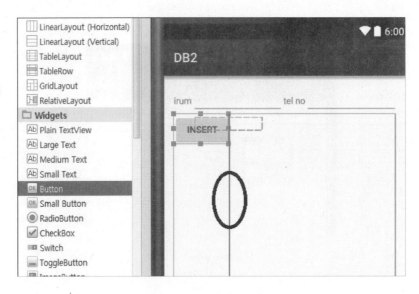

〈그림 34〉

작성된 결과는 〈그림 35〉와 같다.

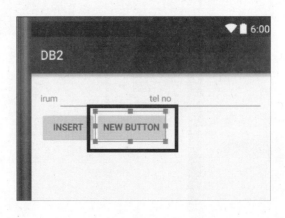

〈그림 35〉

방금 작성한 버튼을 더블 클릭한다. 이어서, 〈그림 36〉과 같이 text: search, id: search1 이라고 작성한다.

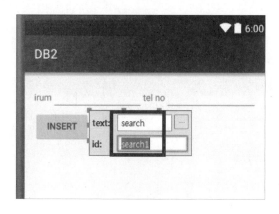

〈그림 36〉

〈그림 37〉과 같이 두 번째 작성한 레이아웃을 클릭한다.

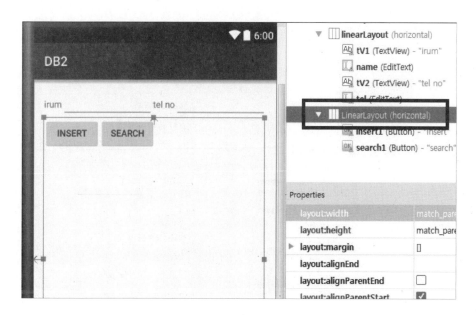

〈그림 37〉

〈그림 38〉과 같이 레이아웃 높이 조정하는 아이콘을 클릭한다.

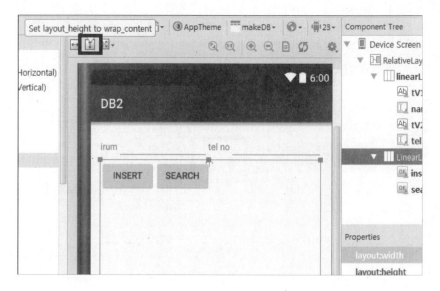

〈그림 38〉

〈그림 39〉와 같이 makeDB를 더블 클릭한다.

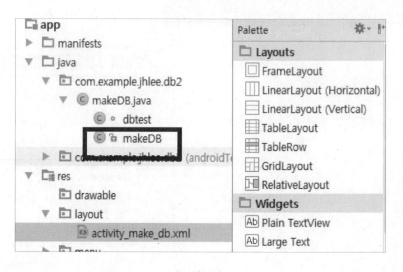

〈그림 39〉

〈그림 40〉과 같이 코드를 작성한다. 방금 입력된 EditText위치를 클릭 한 다음, "Alt+Enter" 키를 동시에 눌러 관련 파일을 import시킨다.

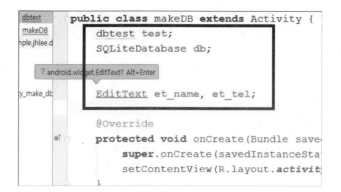

〈그림 40〉

```
dbtest test;
SQLiteDatabase db;
EditText et_name, et_tel;
```

〈그림 41〉과 같이 코드를 작성한다. 입력된 코드는 다음과 같다.

```
protected void onCreate(Bundle savedInstanceState) {
 super.onCreate(savedInstanceState);
 setContentView(R.layout.activity_make_db);

 test = new dbtest(this);
 try{
 db = test.getWritableDatabase();
 }catch (SQLiteException ex){
 db = test.getReadableDatabase();
 }
 et_name = (EditText)findViewById(R.id.name);
 et_tel = (EditText)findViewById(R.id.tel);
 findViewById(R.id.insert1).
 setOnClickListener(new View.OnClickListener() {
 @Override
  public void onClick(View v) {
   String name = et_name.getText().toString();
   String tel = et_tel.getText().toString();
   db.execSQL("insert into phone values" +
   "(null, '" + name + "', '" + tel + "');");
   }
  });
}
```

```
public class makeDB extends Activity {
    dbtest test;
    SQLiteDatabase db;
    EditText et_name, et_tel;

    @Override
    protected void onCreate(Bundle savedInstanceState) {
        super.onCreate(savedInstanceState);
        setContentView(R.layout.activity_make_db);
        test = new dbtest(this);
        try{
            db = test.getWritableDatabase();
        }catch (SQLiteException ex){
            db = test.getReadableDatabase();
        }
        et_name = (EditText)findViewById(R.id.name);
        et_tel = (EditText)findViewById(R.id.tel);
        findViewById(R.id.insert1).
                setOnClickListener(new View.OnClickListener() {
            @Override
            public void onClick(View v) {
                String name = et_name.getText().toString();
                String tel = et_tel.getText().toString();
                db.execSQL("insert into phone values" +
                        "(null, '" + name + "', '" + tel + "');");
            }
        });
```

〈그림 41〉

〈그림 42〉와 같이 실행 아이콘을 클릭하여 실행시킨다.

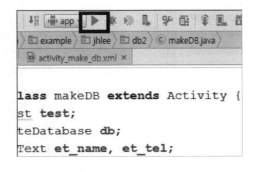

〈그림 42〉

실행결과는 〈그림 43〉과 같다.

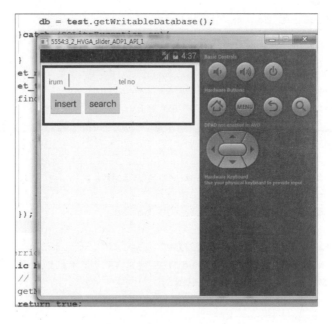

〈그림 43〉

〈그림 44〉와 같이 irum란에 "kim", tel no란에 "111" 이라고 입력한 다음, insert 버튼을 클릭한다.

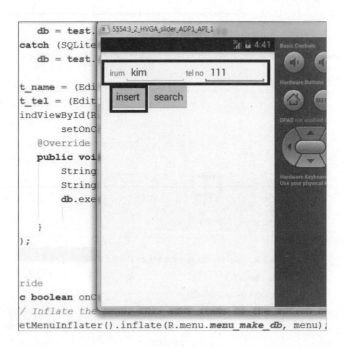

〈그림 44〉

같은 방법으로 〈그림 45〉와 같이 irum란에 "lee", tel no란에 "222" 라고 입력한 다음, insert 버튼을 클릭한다.

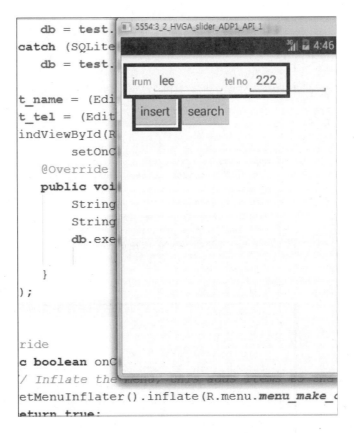

〈그림 45〉

이상으로 테이블의 내용 입력하기의 실습을 마친다.

앞에 이어서, 테이블 검색하기를 실습하기로 한다. 〈그림 46〉과 같이 앞에서 작성하던 뒤쪽에
코드를 추가하면 된다.

```
                    findViewById(R.id.insert1).
app                     setOnClickListener(new View.OnClickListener() {
  manifests             @Override
  java                  public void onClick(View v) {
    com.example.jhlee.d   String name = et_name.getText().toString();
      makeDB.java         String tel = et_tel.getText().toString();
        dbtest            db.execSQL("insert into phone values" +
        makeDB                    "(null, '" + name + "', '" + tel + "');");
    com.example.jhlee.d   }
  res                 });
    drawable
    layout            findViewById(R.id.search1).
      activity_make_db   setOnClickListener(new View.OnClickListener() {
    menu              @Override
    mipmap            public void onClick(View v) {
    values              String name = et_name.getText().toString();
Gradle Scripts          Cursor cursor;
                        cursor = db.rawQuery("select name, tel from phone " +
                                "where name = '" + name + "';", null);
                        while (cursor.moveToNext()){
                          String tel = cursor.getString(1);
                          et_tel.setText(tel);
                        }
                      }
                    });

                  }

                  @Override
                  public boolean onCreateOptionsMenu(Menu menu) {
```

〈그림 46〉

```
findViewById(R.id.search1).
setOnClickListener(new View.OnClickListener() {
@Override
public void onClick(View v) {
String name = et_name.getText().toString();
Cursor cursor;
cursor = db.rawQuery("select name, tel from phone " +
"where name = '" + name + "';", null);
while (cursor.moveToNext()){
String tel = cursor.getString(1);
et_tel.setText(tel);
}
}
});
}
```

실행 아이콘을 클릭하여 실행시킨 결과는 〈그림 47〉과 같다.

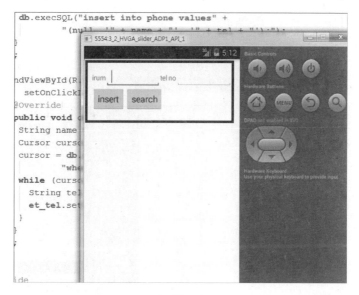

〈그림 47〉

〈그림 48〉과 같이 irum란에 "lee"라고 입력한 다음, search 버튼을 클릭한다. "222"라는 검색 결과가 나타남을 알 수 있다.

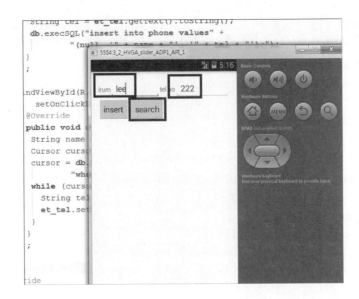

〈그림 48〉

〈그림 49〉는 검색어로 "kim"을 입력하여 얻어낸 결과이다. 결과에서 보듯이 해당되는 전화번호로 변경됨을 알 수 있다.

〈그림 49〉

이상으로 테이블 검색하기의 실습을 마친다.

10

데이터베이스 (DataBase) 활용 1

이번 장에서는 로그인(Login) 메인 화면 디자인과 데이터베이스와 테이블을 생성해본다(SQLite 버전). 이어서, 회원가입(Join) 화면을 디자인하고 회원을 가입한다. 가입된 회원의 아이디로 로그인해보고 로그인된 회원 정보를 수정해 본다. 회원 정보 모두 출력하기와 회원정보 테이블 삭제하기도 알아본다.

10.1 로그인(Login) 메인 화면 디자인하기

새로운 프로젝트를 작성하기로 한다. "Android Studio"를 더블 클릭하여 실행시킨다. 〈그림 1〉
과 같이 "Start a new Android Studio project"를 더블 클릭한다.

〈그림 1〉

〈그림 2〉와 같이 "Application Name" 란에 "Login" 이라고 입력 한 다음, "Next" 버튼을 클릭한다.

〈그림 2〉

〈그림 3〉과 같이 Minimum SDK를 "API 15: Android 4.0.3(IceCreamSand wich)"를 선택 한 다음 "Next" 버튼을 클릭한다.

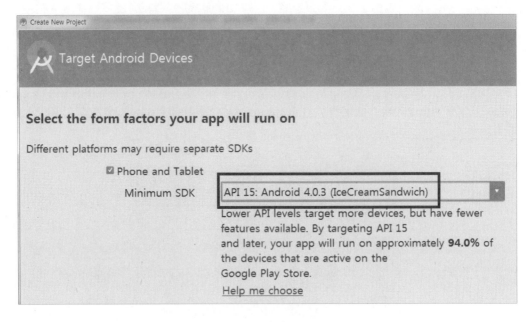

〈그림 3〉

〈그림 4〉와 같이 "Blank Activity"를 선택한 다음, "Next" 버튼을 클릭한다.

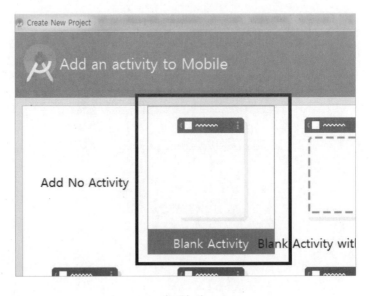

〈그림 4〉

〈그림 5〉와 같이 "res/layout" 아래의 "activity_main.xml"을 더블 클릭한다.

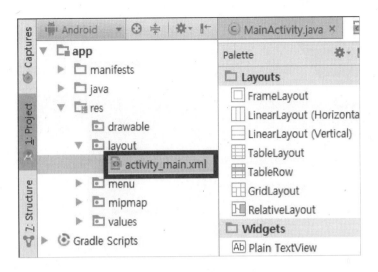

〈그림 5〉

〈그림 6〉과 같이 화면 안에 작성된 기존의 "TextView"를 클릭한 다음, DELETE 키를 눌러 삭제한다.

〈그림 6〉

이어서 〈그림 7〉과 같이 "LinearLayout(Horizontal)"을 클릭 한 다음, 디자인 화면의 왼쪽 위의 모서리 쪽으로 커서를 가져간다. 만약, "alignParentLeft"와 "alignParentTop" 이라는 도움(툴팁) 메시지가 나타나면, 커서를 클릭한다.

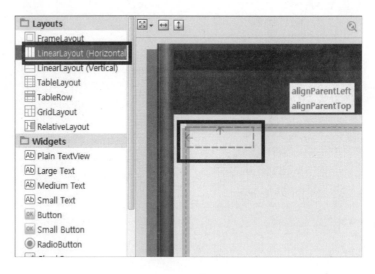

〈그림 7〉

방금 작성된 선형 레이아웃인 "LinearLayout(Horizontal)" 안에 TextView와 EditText를 배치할 것이다. 〈그림 8〉과 같이 Plain TextView를 클릭한 다음, 앞서 작성한 LinearLayout위에 배치되도록 클릭한다.

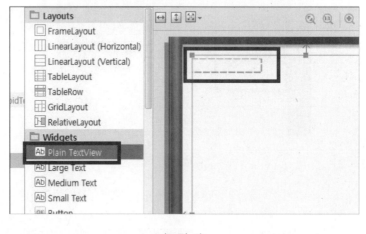

〈그림 8〉

결과는 〈그림 9〉와 같으며 방금 작성된 TextView를 더블 클릭한다.

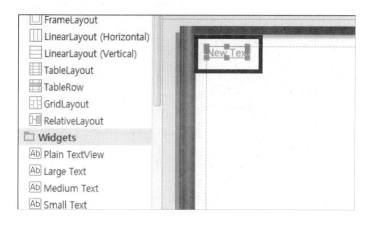

〈그림 9〉

〈그림 10〉과 같이 text: id 라고 작성한다.

〈그림 10〉

〈그림 11〉과 같이 Text Fields 아래의 "Plain Text"를 클릭한 채로 디자인 화면으로 드래그 한다. 앞서 작성한 TextView 바로 오른쪽에 추가하기 위해 타원으로 표시한 위치에 "녹색의 수직선"이 나타날 때 마우스 버튼을 놓는다.

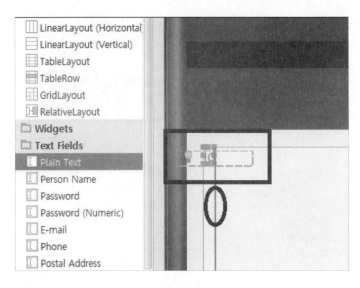

〈그림 11〉

결과는 〈그림 12〉와 같으며 방금 작성된 "Plain Text(EditText)"를 더블 클릭한다.

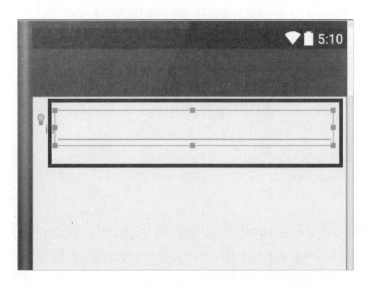

〈그림 12〉

〈그림 13〉과 같이 id: id 라고 작성한다.

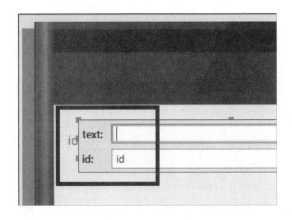

〈그림 13〉

〈그림 14〉와 같이 앞에서 작성된 EditText가 선택된 상태에서 width 속성 값에 "100"이라고 입력하고 엔터키를 누른다. "100dp"로 자동 설정될 것이다.

password	☐
phoneNumber	☐
selectAllOnFocus	☐
shadowColor	
singleLine	☐
stateListAnimator	
text	
textAlignment	
textAppearance	
textColor	
textColorHighlight	
textColorHint	
textColorLink	
textIsSelectable	☐
textSize	
▶ **textStyle**	[]
theme	
transitionName	
translationZ	
typeface	
visibility	
width	100 ⋯

〈그림 14〉

〈그림 15〉와 같이 사각형으로 표시한 "Clear All Weights" 위치를 클릭한다.

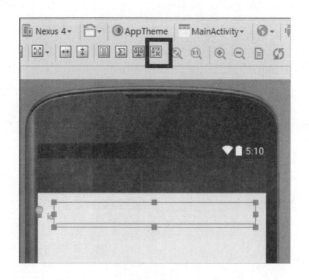

〈그림 15〉

결과는 〈그림 16〉과 같이 EditText의 크기가 변경되었음을 알 수 있다.

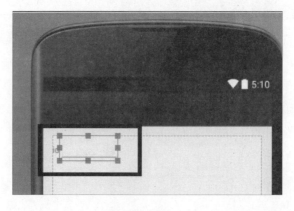

〈그림 16〉

〈그림 17〉과 같이 "focusable" 의 체크 표시를 클릭 한다.

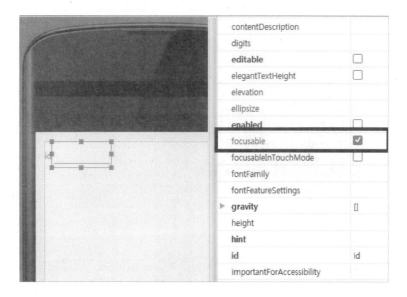

〈그림 17〉

〈그림 18〉과 같이 "selectAllOnFocus" 의 체크 표시를 클릭 한다.

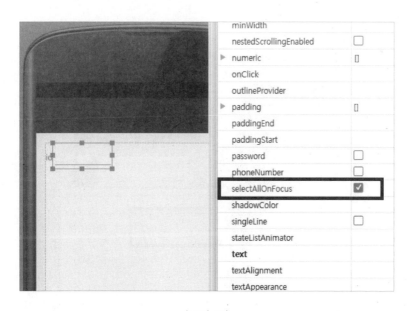

〈그림 18〉

레이아웃을 수직방향으로 축소시키기 위해 〈그림 19〉와 같이 "LinearLayout" 을 클릭 한 다음, 좌측의 원으로 표시한 위치를 클릭한다.

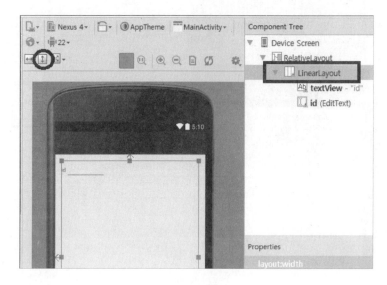

〈그림 19〉

〈그림 20〉과 같이 "LinearLayout(horizontal)"을 클릭하여 첫 번째 작성된 레이아웃 바로 아래에 작성한다.

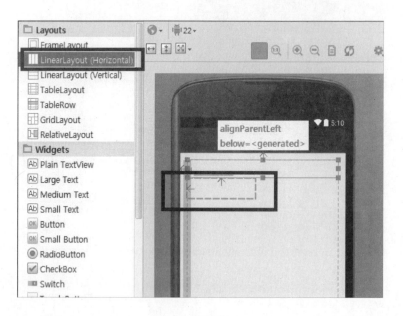

〈그림 20〉

방금 작성된 선형 레이아웃인 "LinearLayout(Horizontal)" 안에 TextView와 EditText를 배치할 것이다. 〈그림 21〉과 같이 Plain TextView를 클릭한 다음, 앞서 작성한 LinearLayout위에 배치되도록 클릭한다.

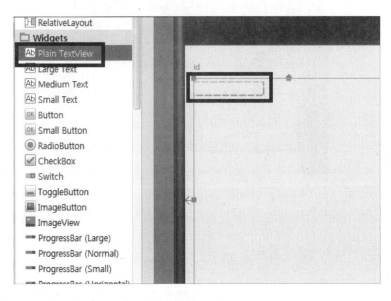

〈그림 21〉

결과는 〈그림 22〉와 같으며 방금 작성된 TextView를 더블 클릭한다.

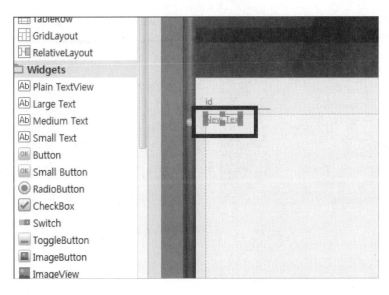

〈그림 22〉

〈그림 23〉과 같이 text: pw 라고 작성한다.

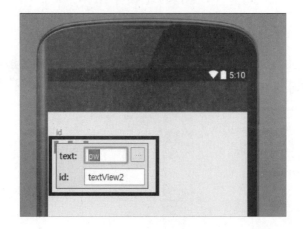

〈그림 23〉

앞서 작성한 TextView 바로 오른쪽에 〈그림 24〉와 같이 "Password"를 작성한다.

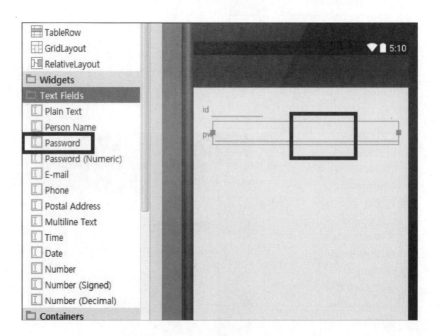

〈그림 24〉

방금 작성된 "Password"를 더블 클릭하여 〈그림 25〉와 같이 id: pw 라고 작성한다.

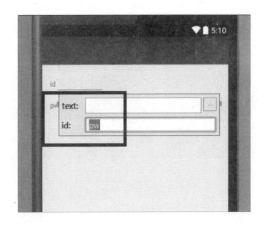

〈그림 25〉

〈그림 26〉과 같이 앞에서 작성된 Password가 선택된 상태에서 width 속성 값에 "100"이라고 입력하고 엔터키를 누른다. "100dp"로 자동 설정될 것이다.

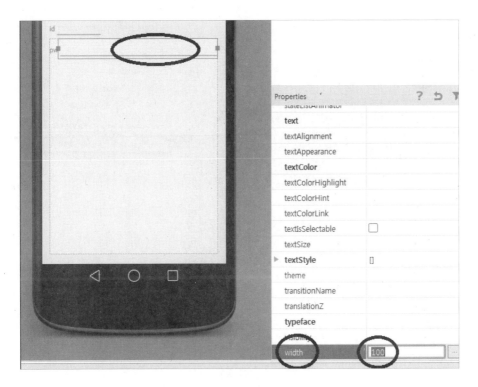

〈그림 26〉

〈그림 27〉과 같이 사각형으로 표시한 "Clear All Weights" 위치를 클릭한다.

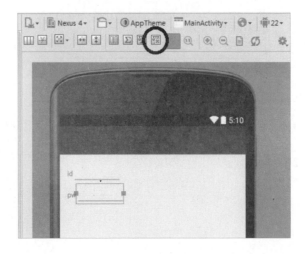

〈그림 27〉

〈그림 28〉과 같이 "LinearLayout" 을 클릭 한 다음, 좌측의 원으로 표시한 위치를 클릭한다.

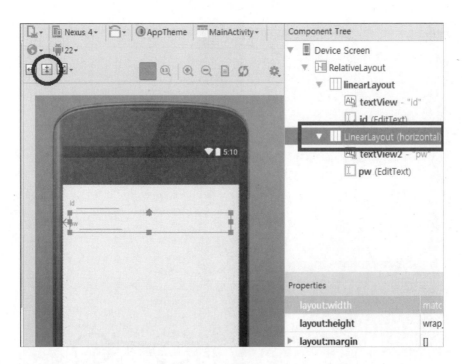

〈그림 28〉

〈그림 29〉와 같이 "LinearLayout(horizontal)"을 클릭하여 앞서 작성된 레이아웃 바로 아래에 작성한다.

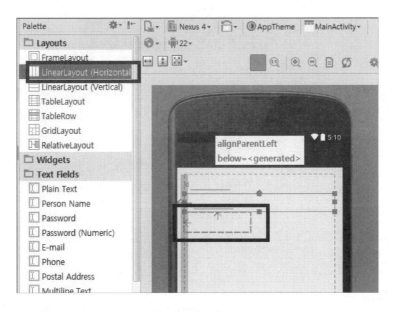

〈그림 29〉

〈그림 30〉과 같이 Button을 작성한다.

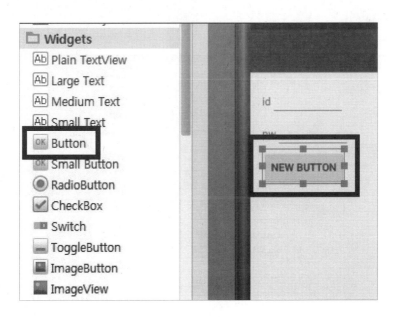

〈그림 30〉

방금 작성한 버튼을 더블 클릭한다. 이어서, 〈그림 31〉과 같이 text: LOGIN, id: btn1 이라고 작성한다.

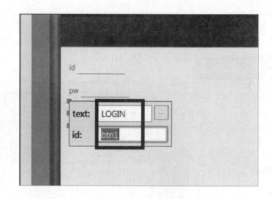

〈그림 31〉

이어서, 〈그림 32〉와 같이 textSize: 12 라고 입력한 다음, 엔터키를 누른다.

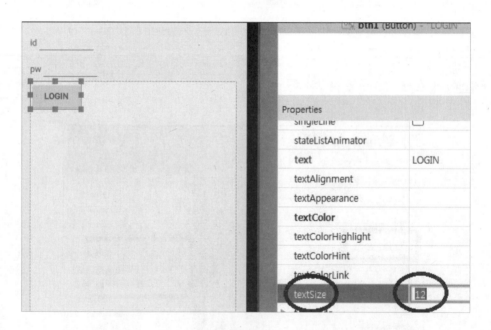

〈그림 32〉

〈그림 33〉과 같이 layout:width 속성 값을 70dp 라고 입력한 다음, 엔터키를 누른다.

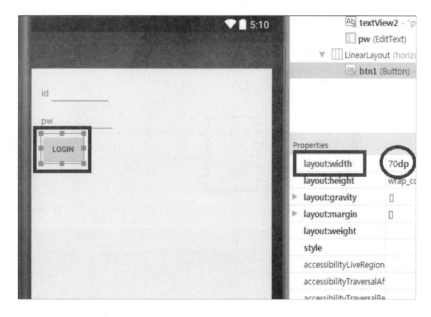

〈그림 33〉

〈그림 34〉와 같이 Button을 작성한다.

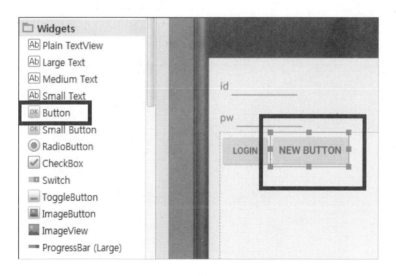

〈그림 34〉

방금 작성한 버튼을 더블 클릭한다. 이어서, 〈그림 35〉와 같이 text:JOIN, id: btn2 라고 작성한다.

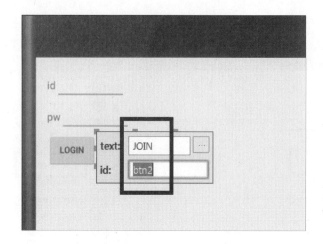

〈그림 35〉

이어서, 〈그림 36〉과 같이 textSize: 12 라고 입력한 다음, 엔터키를 누른다.

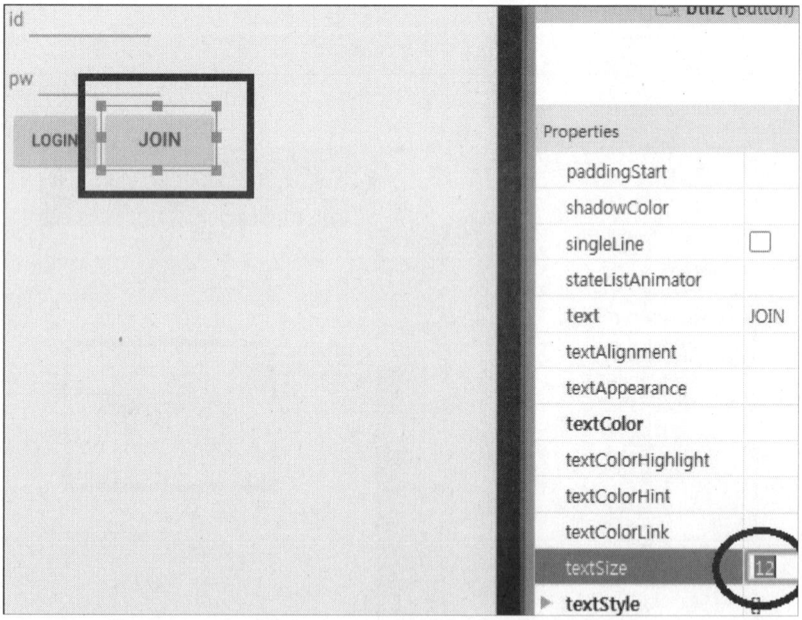

〈그림 36〉

〈그림 37〉과 같이 layout:width 속성 값을 70dp 라고 입력한 다음, 엔터키를 누른다.

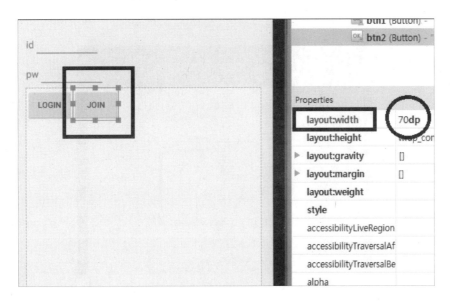

〈그림 37〉

〈그림 38〉와 같이 Button을 작성한다.

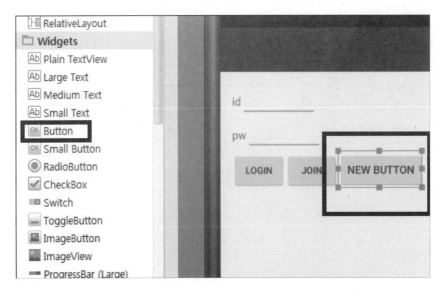

〈그림 38〉

방금 작성한 버튼을 더블 클릭한다. 이어서, 〈그림 39〉와 같이 text: LIST, id: btn3 이라고 작성한다.

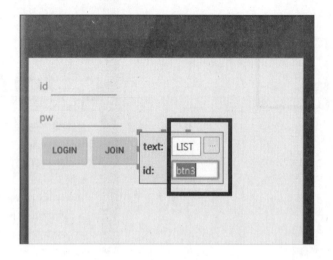

〈그림 39〉

이어서, 〈그림 40〉과 같이 textSize: 12 라고 입력한 다음, 엔터키를 누른다.

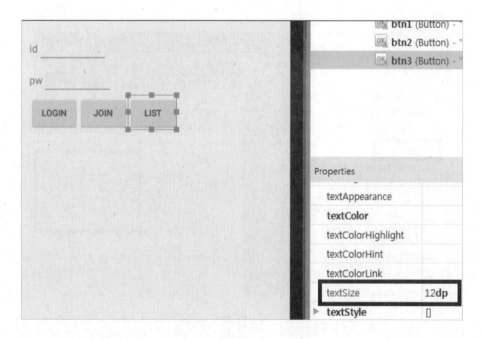

〈그림 40〉

〈그림 41〉과 같이 layout:width 속성 값을 70dp 라고 입력한 다음, 엔터키를 누른다.

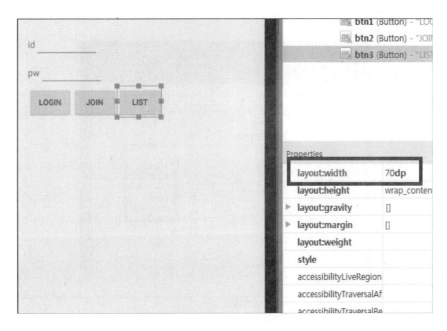

〈그림 41〉

〈그림 42〉와 같이 Button을 작성한다.

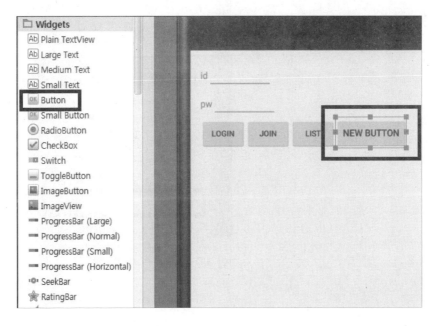

〈그림 42〉

방금 작성한 버튼을 더블 클릭한다. 이어서, 〈그림 43〉와 같이 text: DELETE, id: btn4 라고 작성한다.

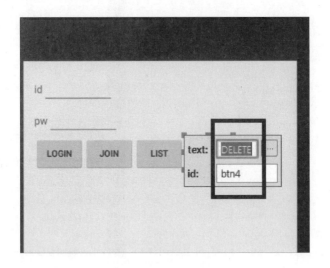

〈그림 43〉

이어서, 〈그림 44〉와 같이 textSize: 12 라고 입력한 다음, 엔터키를 누른다.

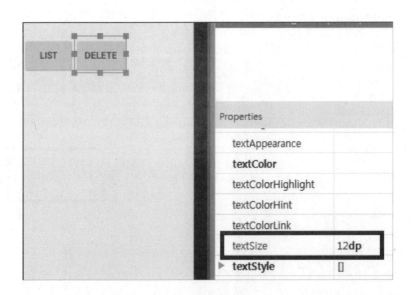

〈그림 44〉

〈그림 45〉와 같이 layout:width 속성 값을 70dp 라고 입력한 다음, 엔터키를 누른다.

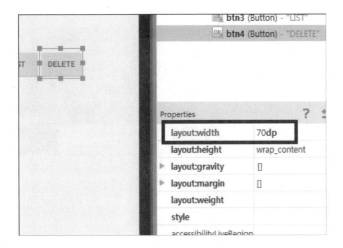

〈그림 45〉

〈그림 46〉과 같이 "LinearLayout" 을 클릭 한 다음, 좌측의 원으로 표시한 위치를 클릭한다.

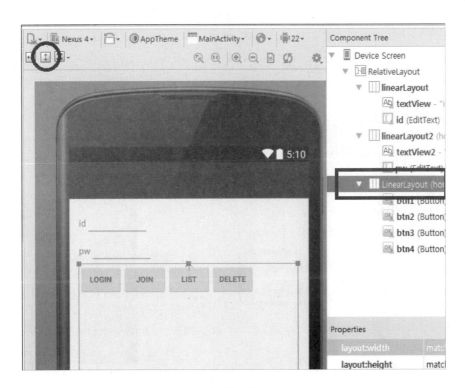

〈그림 46〉

〈그림 47〉와 같이 "LinearLayout(vertical)"을 클릭하여 앞서 작성된 레이아웃 바로 아래에 작성한다.

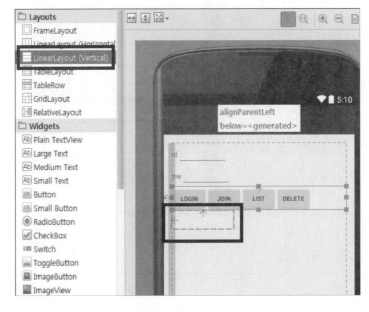

〈그림 47〉

〈그림 48〉과 같이 방금 작성된 "LinearLayout(vertical)"을 더블 클릭 한 다음, "id: layout1"을 입력한다.

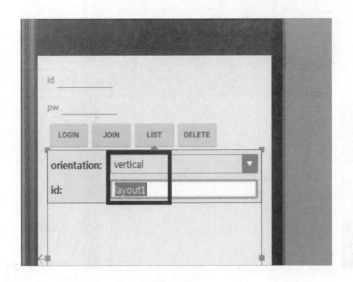

〈그림 48〉

〈그림 49〉와 같이 "LinearLayout(vertical)"에 대한 background 속성 값을 "#d9ffa8" 이라고
입력한다.

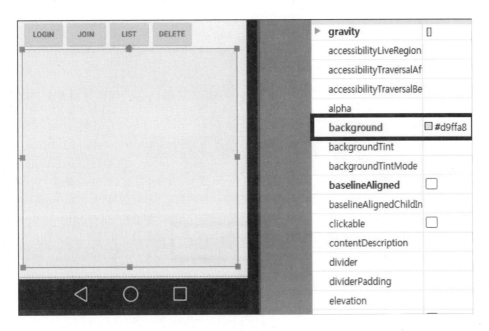

<그림 49>

이상으로 로그인(Login) 메인 화면 디자인하기 실습을 마친다.

10.2 데이터베이스와 테이블 생성하기(SQLite 버전)

〈그림 50〉과 같이 "MainActivity"를 클릭한다. "File/New/Java Class" 메뉴를 차례로 클릭한다.

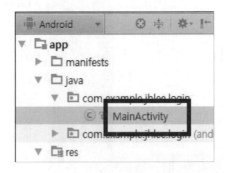

〈그림 50〉

〈그림 51〉과 같이 "Name : myDB" 라고 입력하고 "OK"버튼을 클릭한다.

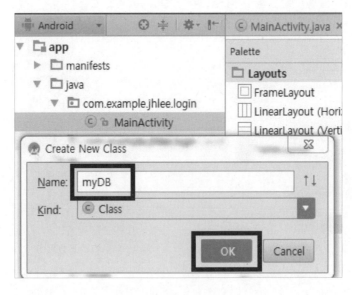

〈그림 51〉

〈그림 52〉와 같이 코드를 입력한다.

```
package com.example.jhlee.login;

import android.content.Context;
import android.database.sqlite.SQLiteDatabase;
import android.database.sqlite.SQLiteOpenHelper;

public class myDB extends SQLiteOpenHelper {
    public myDB(Context context) {
        super(context, "db1", null, 1);
    }

    @Override
    public void onCreate(SQLiteDatabase db) {
        String str1 = "create table member(id varchar, pw varchar, name varchar);";
        db.execSQL(str1);
    }

    @Override
    public void onUpgrade(SQLiteDatabase db, int oldVersion, int newVersion) {
        db.execSQL("drop table if exists member");
        onCreate(db);
    }
}
```

app
- manifests
- java
  - com.example.jhlee.login
    - MainActivity
    - myDB
  - com.example.jhlee.login (andr
- res
  - drawable
  - layout
    - activity_main.xml
  - menu
  - mipmap
  - values
- Gradle Scripts

〈그림 52〉

```
package com.example.jhlee.login;
import android.content.Context;
import android.database.sqlite.SQLiteDatabase;
import android.database.sqlite.SQLiteOpenHelper;
public class myDB extends SQLiteOpenHelper {
    public myDB(Context context) {
        super(context, "db1", null, 1);
    }
    @Override
    public void onCreate(SQLiteDatabase db) {
        String str1 = "create table member(id varchar, pw varchar, name
                    varchar);";
        db.execSQL(str1);
    }
    @Override
    public void onUpgrade(SQLiteDatabase db, int oldVersion, int
                        newVersion)
    {
        db.execSQL("drop table if exists member");
        onCreate(db);
    }
}
```

다음 절에서 프로그램을 실행하면, 위 프로그램을 통해 db1 이라는 데이터베이스에 member라는 테이블이 생성된다. 이상으로 데이터베이스와 테이블 생성하기의 실습을 마친다.

회원가입(Join) 화면 디자인하기

10.1 절의 로그인(Login) 메인 화면 디자인을 복사한 다음, 수정하기로 한다. 〈그림 53〉과 같이 "activity_main.xml"을 클릭한다.

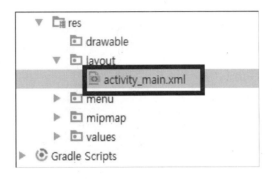

〈그림 53〉

복사하기 위해 "CTRL + C" 키와 "CTRL + V" 키를 누른다. 〈그림 54〉과 같이 "New name: form .xml" 이라고 입력한 다음, "OK" 버튼을 클릭한다.

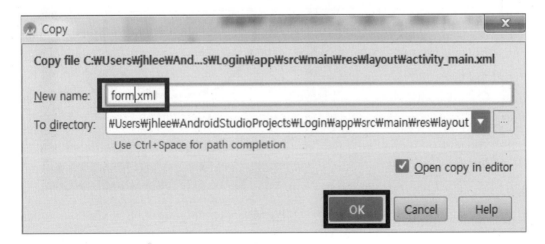

〈그림 54〉

〈그림 55〉와 같이 "Design" 탭을 클릭 한다.

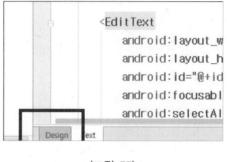

〈그림 55〉

〈그림 56〉과 같이 원으로 표시한 위치를 클릭 한 다음 "Delete" 키를 눌러 삭제한다.

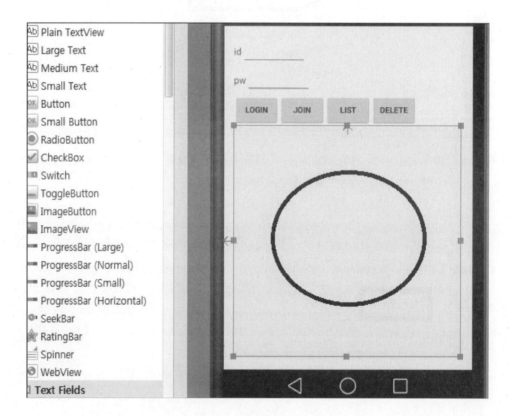

〈그림 56〉

〈그림 57〉과 같이 "LIST"와 "DELETE" 버튼을 클릭하여 삭제한다.

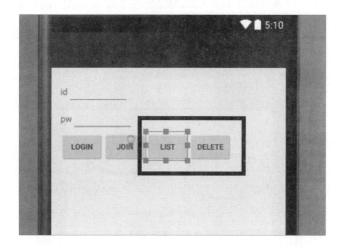

〈그림 57〉

〈그림 58〉과 같이 두 개의 버튼을 포함하고 있는 linearLayout을 클릭 한 채로 아래쪽으로 드래그 하여 중간 위치에서 버튼을 놓는다.

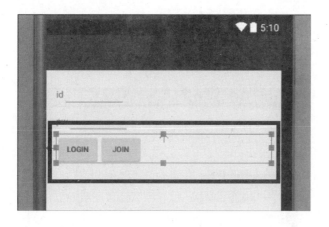

〈그림 58〉

〈그림 59〉와 같이 "pw"를 포함 하는 레이아웃(Layout)을 클릭한 다음, 복사하기 위해 "CTRL + C" 키와 "CTRL + V" 키를 누른다. 마우스 커서를 아래쪽의 타원이 가리키는 위치로 이동한 다음, 버튼을 놓는다.

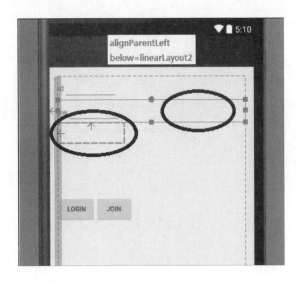

〈그림 59〉

〈그림 60〉과 같이 복사된 레이어의 pw(아래쪽에 있는 pw)라는 textView3를 더블 클릭 한 다음, "text: name" 이라고 수정한다.

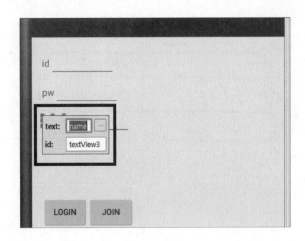

〈그림 60〉

〈그림 61〉과 같이 "id"를 더블 클릭 한 다음, width 값을 "50dp"로 입력한다.

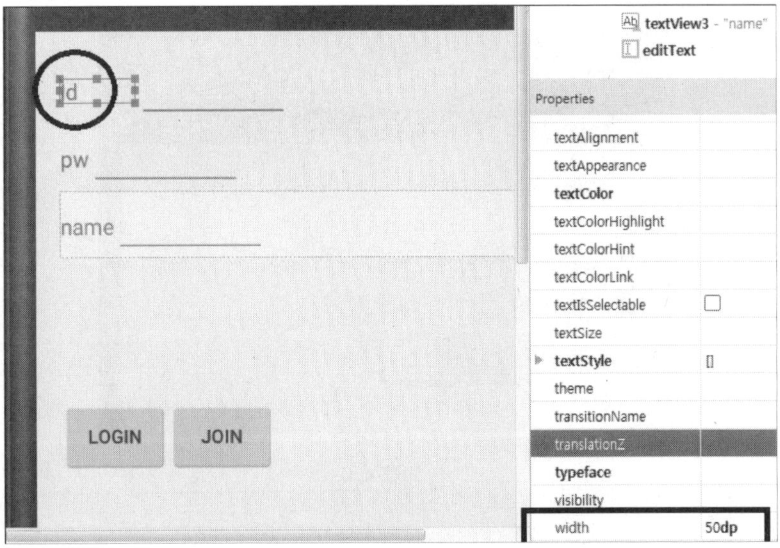

〈그림 61〉

〈그림 62〉와 같이 "pw"를 더블 클릭 한 다음, width 값을 "50dp"로 입력한다. 같은 방법으로 바로 아래의 "name"을 더블 클릭 한 다음, width 값을 "50dp"로 입력한다.

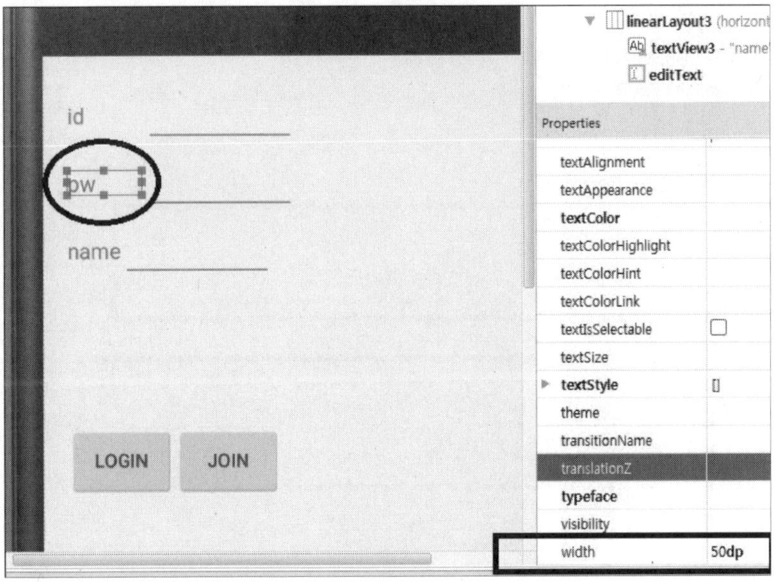

〈그림 62〉

〈그림 63〉과 같이 "name" 바로 오른쪽에 있는 "EditText"를 더블 클릭한 다음, "name" 이라고 입력한다.

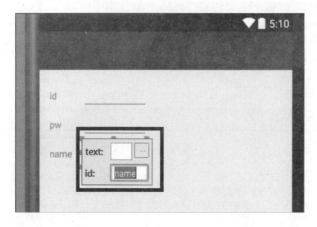

〈그림 63〉

〈그림 64〉와 같이 두 개의 버튼을 포함하는 레이아웃을 드래그 하여 "name"을 포함하는 레이아웃 아래쪽에 옮긴다.

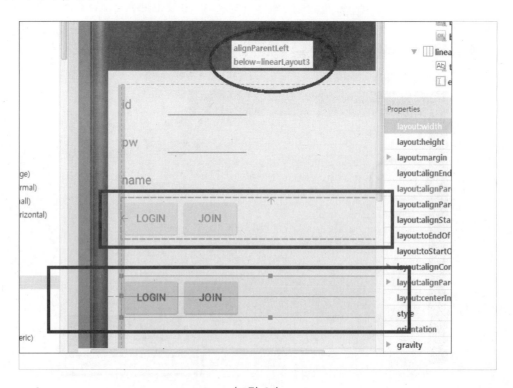

〈그림 64〉

결과는 〈그림 65〉와 같다.

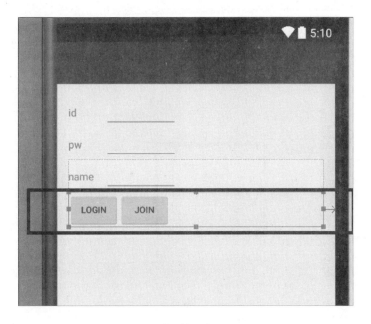

〈그림 65〉

〈그림 66〉과 같이 "LOGIN" 버튼을 클릭 한 다음, "HOME" 이라고 수정한다.

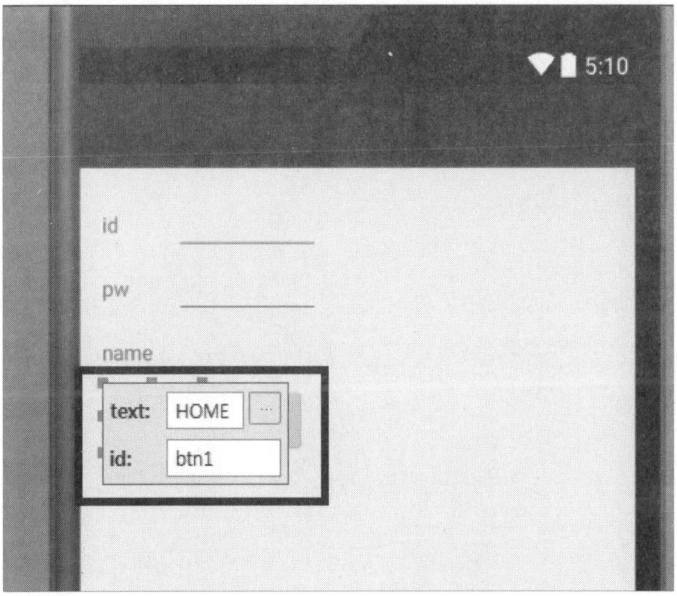

〈그림 66〉

〈그림 67〉과 같이 "JOIN" 버튼을 클릭 한 다음, "SAVE" 라고 수정한다.

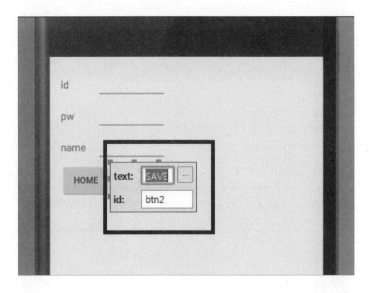

〈그림 67〉

이상으로 회원가입(Join) 화면 디자인하기 실습을 마친다.

〈그림 68〉과 같이 "MainActivity"를 클릭한다.

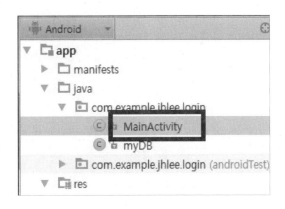

〈그림 68〉

"File/New/Java Class" 메뉴를 차례로 클릭한다. 〈그림 69〉와 같이 "Name : JoinActivity" 라고 입력하고 "OK"버튼을 클릭한다.

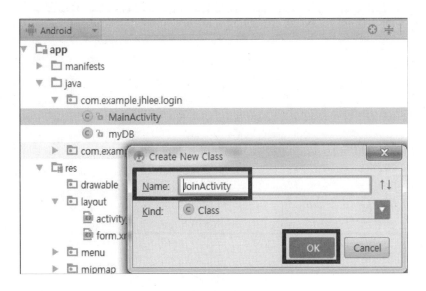

〈그림 69〉

〈그림 70〉과 같이 코드를 입력한다.

```java
package com.example.jhlee.login;
import ...

public class JoinActivity extends AppCompatActivity implements View.OnClickListener {
    EditText id1, pw1, name1;
    Button bt1, bt2;
    String sid, spw, sname;
    myDB test = new myDB(this);
    SQLiteDatabase db;
    @Override
    protected void onCreate(Bundle savedInstanceState) {
        super.onCreate(savedInstanceState);
        setContentView(R.layout.form);

        bt1 = (Button)findViewById(R.id.btn1);
        bt2 = (Button)findViewById(R.id.btn2);
        bt1.setOnClickListener(this);
        bt2.setOnClickListener(this);
        id1 = (EditText)findViewById(R.id.id);
        pw1 = (EditText)findViewById(R.id.pw);
        name1 = (EditText)findViewById(R.id.name);
    }
```

〈그림 70〉

이어서, 버튼 클릭에 대한 처리를 위해 〈그림 71〉과 같이 코드를 입력한다.

```java
public void onClick(View v) {
    sid = id1.getText().toString();
    spw = pw1.getText().toString();
    sname = name1.getText().toString();
    if(v.getId() == R.id.btn2) {
        try {
            db = test.getWritableDatabase();
            String str1;
            str1 = "insert into member values('" + sid + "', '" + spw + "', '" + sname + "')";
            db.execSQL(str1);
        } catch (SQLiteException ex) { }
    }
    test.close();
    Intent it = new Intent(this, MainActivity.class);
    startActivity(it);
    finish();
}
}
```

〈그림 71〉

```
package com.example.jhlee.login;
import android.content.Intent;
import android.database.Cursor;
import android.database.sqlite.SQLiteDatabase;
import android.database.sqlite.SQLiteException;
import android.os.Bundle;
import android.support.v7.app.AppCompatActivity;
import android.view.View;
import android.widget.Button;
import android.widget.EditText;

public class JoinActivity extends AppCompatActivity implements View.OnClickListener {
    EditText id1, pw1, name1;
    Button bt1, bt2;
    String sid, spw, sname;
    myDB test = new myDB(this);
    SQLiteDatabase db;
    @Override
    protected void onCreate(Bundle savedInstanceState) {
        super.onCreate(savedInstanceState);
        setContentView(R.layout.form);

        bt1 = (Button)findViewById(R.id.btn1);
        bt2 = (Button)findViewById(R.id.btn2);
        bt1.setOnClickListener(this);
        bt2.setOnClickListener(this);
        id1 = (EditText)findViewById(R.id.id);
        pw1 = (EditText)findViewById(R.id.pw);
        name1 = (EditText)findViewById(R.id.name);
    }

    public void onClick(View v) {
        sid = id1.getText().toString();
        spw = pw1.getText().toString();
        sname = name1.getText().toString();
        if(v.getId() == R.id.btn2) {
```

```
    try {
            db = test.getWritableDatabase();
            String str1;
            str1 = "insert into member values('" + sid + "', '" + spw + "', '" + sname
+ "')";

            db.execSQL(str1);
        } catch (SQLiteException ex) { }
    }
    test.close();
    Intent it = new Intent(this, MainActivity.class);
    startActivity(it);
    finish();
}
```

〈그림 72〉와 같이 "MainActivity"를 더블 클릭 한다.

〈그림 72〉

〈그림 73〉과 같이 코드를 입력한다.

```java
package com.example.jhlee.login;
import ...
public class MainActivity extends AppCompatActivity implements View.OnClickListener {
    Button bt1, bt2;
    @Override
    protected void onCreate(Bundle savedInstanceState) {
        super.onCreate(savedInstanceState);
        setContentView(R.layout.activity_main);
        bt1 = (Button)findViewById(R.id.btn1);
        bt2 = (Button)findViewById(R.id.btn2);
        bt1.setOnClickListener(this);
        bt2.setOnClickListener(this);
    }
    public void onClick(View v) {
        switch (v.getId()) {
            case R.id.btn1: break;
            case R.id.btn2:
                Intent it = new Intent(this, JoinActivity.class);
                startActivity(it);
                finish();
                break;
        }
    }
}
```

〈그림 73〉

```
package com.example.jhlee.login;
import android.content.Intent;
import android.database.Cursor;
import android.database.sqlite.SQLiteDatabase;
import android.database.sqlite.SQLiteException;
import android.support.v7.app.AppCompatActivity;
import android.os.Bundle;
import android.view.Menu;
import android.view.MenuItem;
import android.view.View;
import android.widget.Button;
import android.widget.EditText;
public class MainActivity extends AppCompatActivity implements View.OnClickListener {
    Button bt1, bt2;
    @Override
    protected void onCreate(Bundle savedInstanceState) {
        super.onCreate(savedInstanceState);
        setContentView(R.layout.activity_main);
        bt1 = (Button)findViewById(R.id.btn1);
        bt2 = (Button)findViewById(R.id.btn2);
        bt1.setOnClickListener(this);
        bt2.setOnClickListener(this);
    }
    public void onClick(View v) {
        switch (v.getId()) {
            case R.id.btn1: break;
            case R.id.btn2:
                Intent it = new Intent(this, JoinActivity.class);
                startActivity(it);
                finish();
                break;
        }
    }
// 이 위치에 있는 자동 생성된 코드 부분은 생략됨
}
```

〈그림 74〉와 같이 타원으로 표시한 위치를 클릭한 다음, "AndroidManifest. xml" 파일을 더블 클릭한다.

〈그림 74〉

〈그림 75〉와 같이 코드를 추가한다.

```
<application
    android:allowBackup="true"
    android:icon="@mipmap/ic_launcher"
    android:label="@string/app_name"
    android:theme="@style/AppTheme" >
    <activity
        android:name=".MainActivity"
        android:label="@string/app_name" >
        <intent-filter>
            <action android:name="android.intent.action.MAIN" />

            <category android:name="android.intent.category.LAUNCHER" />
        </intent-filter>
    </activity>

    <activity
        android:name=".JoinActivity"
        android:label="@string/app_name" >
    </activity>

</application>

</manifest>
```

〈그림 75〉

```
<activity
        android:name=".JoinActivity"
        android:label="@string/app_name" >
</activity>
```

〈그림 76〉과 같이 실행아이콘을 클릭한다.

〈그림 76〉

〈그림 77〉과 같이 "JOIN" 버튼을 클릭 한다.

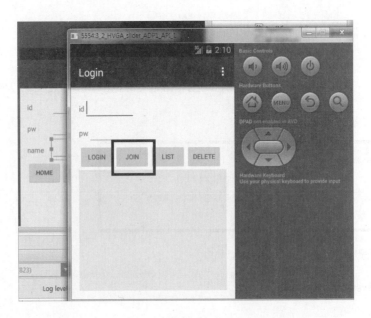

〈그림 77〉

〈그림 78〉과 같이 "id: k", "pw: 1(1은 숫자임)", "name: kim"을 입력한 다음, "SAVE" 버튼을
클릭한다.

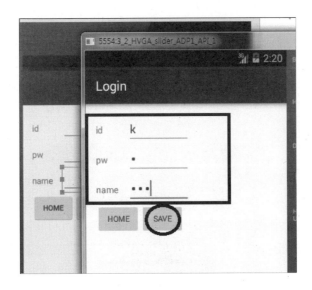

〈그림 78〉

결과는 〈그림 79〉와 같이 로그인 메인 화면으로 돌아온다.

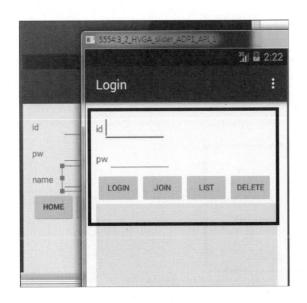

〈그림 79〉

이상으로 회원가입하기의 실습을 마친다.

앞 절에 이어서 실습하기로 한다. 〈그림 80〉과 같이 "MainActivity"를 더블 클릭 한다.

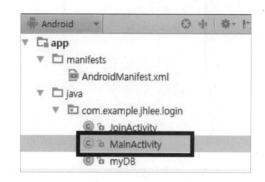

〈그림 80〉

〈그림 81〉과 같이 코드를 추가한다.

```java
package com.example.jhlee.login;
import ...
public class MainActivity extends AppCompatActivity implements View.OnClickListener {
    Button bt1, bt2;   //JOIN(회원가입) 에서 작성된 코드

    Button bt3, bt4;
    EditText id1, pw1;
    String eid, sid;
    myDB test = new myDB(this);
    SQLiteDatabase db;
    Cursor cursor = null;
```

〈그림 81〉

```
Button bt3, bt4;
EditText id1, pw1;
String eid, sid;
myDB test = new myDB(this);
SQLiteDatabase db;
Cursor cursor = null;
```

〈그림 82〉와 같이 사각형으로 표시한 부분에 코드를 추가한다.

```
    @Override
    protected void onCreate(Bundle savedInstanceState) {
        super.onCreate(savedInstanceState);
        setContentView(R.layout.activity_main);
        bt1 = (Button)findViewById(R.id.btn1);    //JOIN
        bt2 = (Button)findViewById(R.id.btn2);    //JOIN
        bt1.setOnClickListener(this);             //JOIN
        bt2.setOnClickListener(this);             //JOIN

        id1 = (EditText)findViewById(R.id.id);
        pw1 = (EditText)findViewById(R.id.pw);
        bt3 = (Button)findViewById(R.id.btn3);
        bt4 = (Button)findViewById(R.id.btn4);
        bt3.setOnClickListener(this);
        bt4.setOnClickListener(this);
        id1.requestFocus();
```

〈그림 82〉

```
id1 = (EditText)findViewById(R.id.id);
pw1 = (EditText)findViewById(R.id.pw);
bt3 = (Button)findViewById(R.id.btn3);
bt4 = (Button)findViewById(R.id.btn4);
bt3.setOnClickListener(this);
bt4.setOnClickListener(this);
id1.requestFocus();
```

〈그림 83〉과 같이 "LOGIN" 버튼을 클릭했을 때 수행될 코드를 추가한다.

```java
public void onClick(View v) {
    db = test.getReadableDatabase();
    switch (v.getId()) {                     //JOIN
        case R.id.btn1:                      //JOIN
            if(bt1.getText().equals("LOGIN")){
                try {
                    sid = eid = id1.getText().toString();
                    cursor = db.rawQuery("select id, pw from member where  id = '" + sid + "';", null);
                    if (cursor.getCount() > 0) {
                        bt1.setText("LOGOUT");
                        bt2.setText("MODIFY");
                    } else {
                        id1.setText("ID ERROR");
                        bt2.setText("JOIN");
                    }
                    cursor.close();
                } catch (SQLiteException ex) { }
            }else if(bt1.getText().equals("LOGOUT")){
                id1.setText("");
                pw1.setText("");
                bt1.setText("LOGIN");
                bt2.setText("JOIN");
            }
            break;
        case R.id.btn2:      //JOIN
```

〈그림 83〉

```
public void onClick(View v) {
       db = test.getReadableDatabase();
       switch (v.getId()) {                //JOIN
          case R.id.btn1:              //JOIN
              if(bt1.getText().equals("LOGIN")){
                  try {
                      sid = eid = id1.getText().toString();
                      cursor = db.rawQuery("select id, pw from member
                 where  id = '" + sid + "';", null);
                      if (cursor.getCount() > 0) {
                          bt1.setText("LOGOUT");
                          bt2.setText("MODIFY");
                      } else {
                          id1.setText("ID ERROR");
                          bt2.setText("JOIN");
                      }
                      cursor.close();
                  }  catch (SQLiteException ex) { }
              }else if(bt1.getText().equals("LOGOUT")){
                  id1.setText("");
                  pw1.setText("");
                  bt1.setText("LOGIN");
                  bt2.setText("JOIN");
              }
              break;
          case R.id.btn2:         //JOIN
              break;
       }
       test.close();
   }
```

〈그림 84〉와 같이 실행아이콘을 클릭하여 실행시킨다.

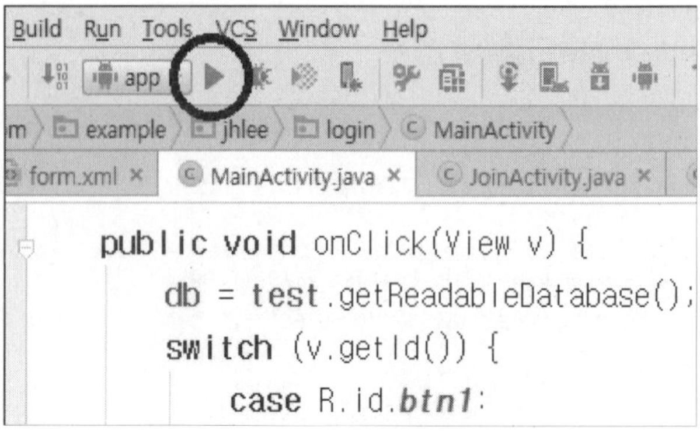

〈그림 84〉

실행 결과는 〈그림 85〉와 같다.

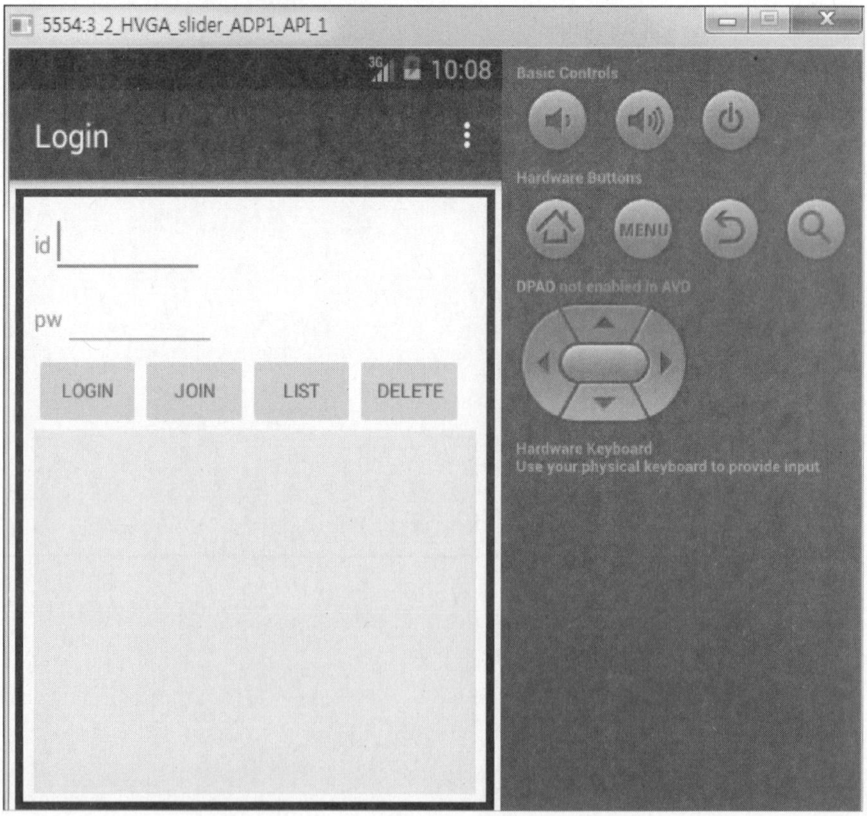

〈그림 85〉

〈그림 86〉과 같이 id에 "k", pw에 숫자 "1"을 입력하고 "LOGIN" 버튼을 클릭한다(참고로, k와 1은 앞 절의 JOIN 버튼을 클릭해 이동된 페이지에서 저장된 값이어야 한다).

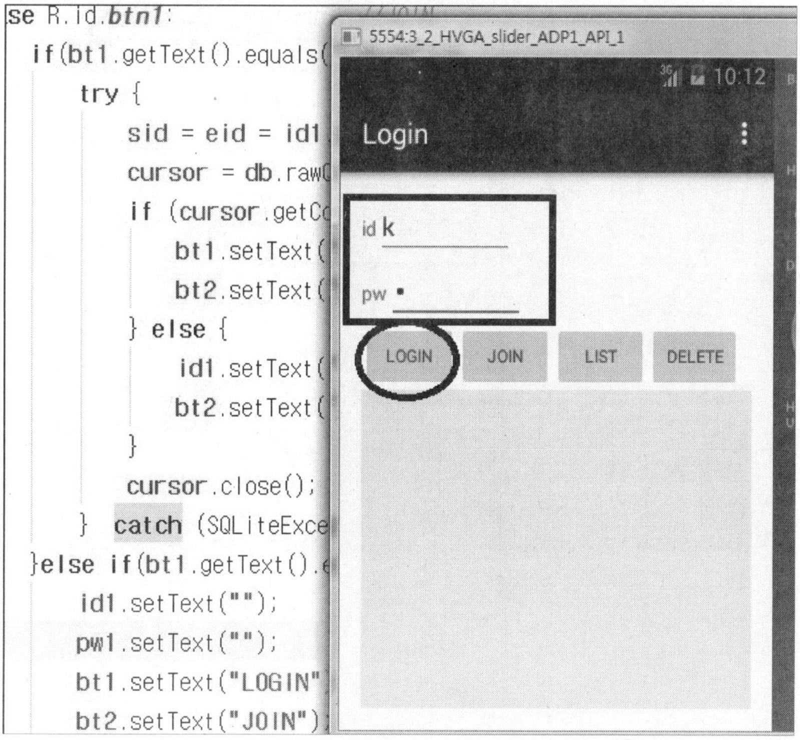

〈그림 86〉

실행결과는 〈그림 87〉과 같다. 정상적으로 LOGIN된 경우, 그림과 같이 버튼의 이름이 변경되었음을 알 수 있다. LOGOUT 버튼을 클릭하면, id와 pw에 입력된 내용이 지워지고 버튼의 이름이 원래대로 변경될 것이다.
(참고: id 부분에 아무것도 입력하지 않고 LOGIN 버튼을 클릭해도 버튼의 상태가 변경될 것이다. 이 책에서는 가능한 이해하기 쉽도록 코드를 단순화 시켰음을 이해해주길 바랍니다.)

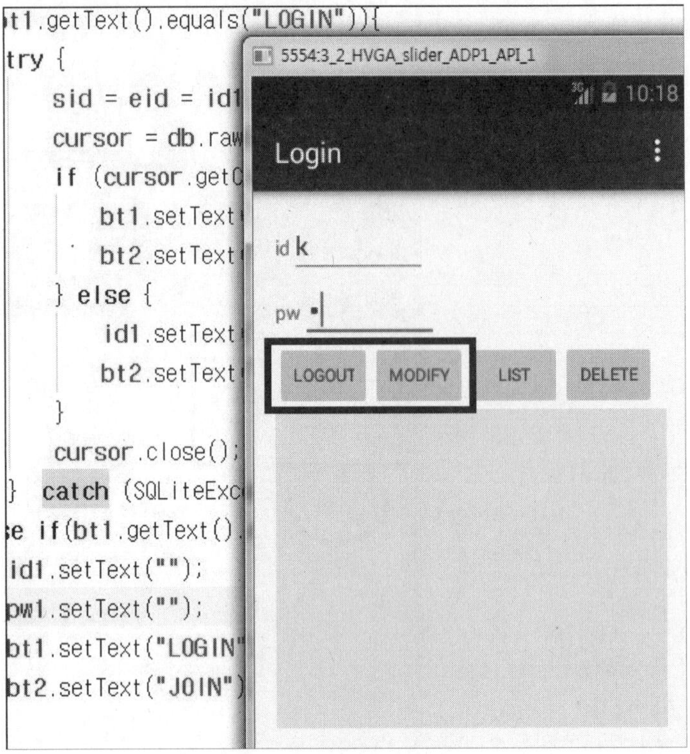
t1.getText().equals("LOGIN")){
try {
sid = eid = id1
cursor = db.raw
if (cursor.getC
bt1.setText
bt2.setText
} else {
id1.setText
bt2.setText
}
cursor.close();
} catch (SQLiteExc
se if(bt1.getText().
id1.setText("");
pw1.setText("");
bt1.setText("LOGIN"
bt2.setText("JOIN")
5554:3_2_HVGA_slider_ADP1_API_1
10:18
Login
id k
pw
LOGOUT
MODIFY
LIST
DELETE

〈그림 87〉

이상으로 로그인하기의 실습을 마친다.

회원 정보 수정하기

앞 절에 이어서 실습하기로 한다. 〈그림 88〉과 같이 코드를 수정하다.

```
case R.id.btn2:
    Intent it = new Intent(this, JoinActivity.class);

    //MODIFY(회원정보 수정)
    if (bt2.getText().equals("MODIFY")) it.putExtra("e_id", eid);

    startActivity(it);
    finish();
    break;
}
test.close();
}

@Override
public boolean onCreateOptionsMenu(Menu menu) {
```

〈그림 88〉

수정된 코드는 다음과 같다.

```
case R.id.btn2:
Intent it = new Intent(this, JoinActivity.class);
//MODIFY(회원정보 수정)
if (bt2.getText().equals("MODIFY")) it.putExtra("e_id", eid);
startActivity(it);
finish();
break;
```

〈그림 89〉와 같이 "JoinActivity"를 더블 클릭한다.

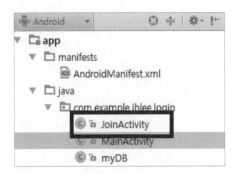

〈그림 89〉

〈그림 90〉과 같이 코드를 수정한다.

```java
public class JoinActivity extends AppCompatActivity implements
    EditText id1, pw1, name1;
    Button bt1, bt2;
    String sid, spw, sname;
    myDB test = new myDB(this);
    SQLiteDatabase db;

    String eid;
    Cursor cursor = null;
    String qry1;

    @Override
    protected void onCreate(Bundle savedInstanceState) {
```

〈그림 90〉

수정된 코드는 다음과 같다.

```java
String eid;
Cursor cursor = null;
String qry1;
```

〈그림 91〉과 같이 "OnCreate()" 함수의 아래쪽 부분에 코드를 입력한다.

```
    Intent it    = getIntent();
    eid = it.getStringExtra("e_id");
    if(eid != null) id1.setEnabled(false);
    db = test.getReadableDatabase();
    qry1 = "select id, pw, name from member where id = '" + eid + "' ";
    cursor = db.rawQuery(qry1, null);
    if (cursor.moveToNext()) {
        sid = cursor.getString(0);
        spw = cursor.getString(1);
        sname = cursor.getString(2);
        pw1.setInputType(1);
        name1.setInputType(1);
        id1.setText(sid);
        pw1.setText(spw);
        name1.setText(sname);

    }
}
public void onClick(View v) {
```

〈그림 91〉

```
Intent it    = getIntent();
eid = it.getStringExtra("e_id");
if(eid != null) id1.setEnabled(false);
db = test.getReadableDatabase();
qry1 = "select id, pw, name from member where id = '" + eid + "' ";
cursor = db.rawQuery(qry1, null);
if (cursor.moveToNext()) {
 sid = cursor.getString(0);
 spw = cursor.getString(1);
 sname = cursor.getString(2);
 pw1.setInputType(1);
 name1.setInputType(1);
 id1.setText(sid);
 pw1.setText(spw);
 name1.setText(sname);
```

〈그림 92〉와 같이 실행 아이콘을 클릭한다.

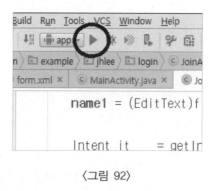

〈그림 92〉

실행 결과는 〈그림 93〉과 같으며, 앞서 JOIN 버튼을 클릭한 후에 가입한 아이디와 패스워드를
입력한 다음, LOGIN 버튼을 클릭한다.

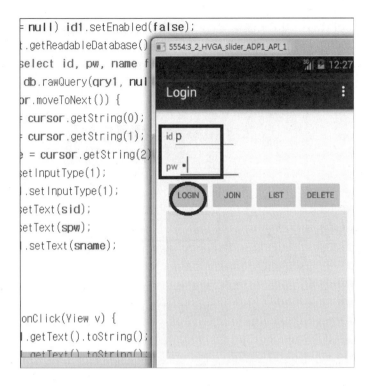

〈그림 93〉

〈그림 94〉와 같이 MODIFY 버튼을 클릭한다.

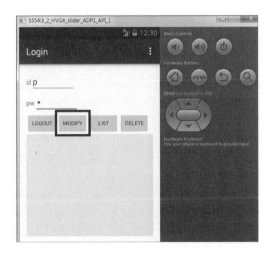

〈그림 94〉

〈그림 95〉와 같이 이전 페이지의 내용을 수정 페이지로 가져왔음을 알 수 있다. 수정이 필요하면 수정 후 저장 버튼을 클릭하면 수정된 내용으로 저장된다. 이때, id의 내용은 수정이 불가능하게 처리하였다.

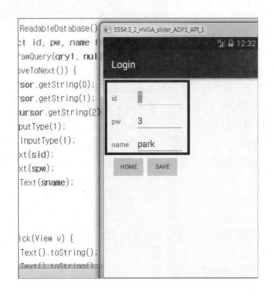

〈그림 95〉

이상으로 회원 정보 수정하기의 실습을 마친다.

회원 정보 모두 출력하기

앞 절에 이어서 실습하기로 한다. 〈그림 96〉과 같이 "MainActivity" 파일에 코드를 추가한다.

```
                                    break;
com.example.jhlee.l            case R.id.btn2:
 © 🐦 JoinActivity                   Intent it = new Intent(this, JoinActivity.class);
 © MainActivity                     if (bt2.getText().equals("MODIFY")) it.putExtra("e_id", eid);
 © 🐘 myDB                          startActivity(it);
com.example.jhlee.l                 finish();
                                    break;
drawable
layout
                               case R.id.btn3:
 🖻 activity_main.xm
                                    DBList();
 🖻 form.xml
                                    break;
menu
mipmap
values
Scripts                        }
                               test.close();
                          }
                          public void DBList() {
                              try{
```

〈그림 96〉

추가된 코드는 다음과 같다.

```
case R.id.btn3:
  DBList();
  break;
```

〈그림 97〉과 같이 DBList() 함수를 작성한다.

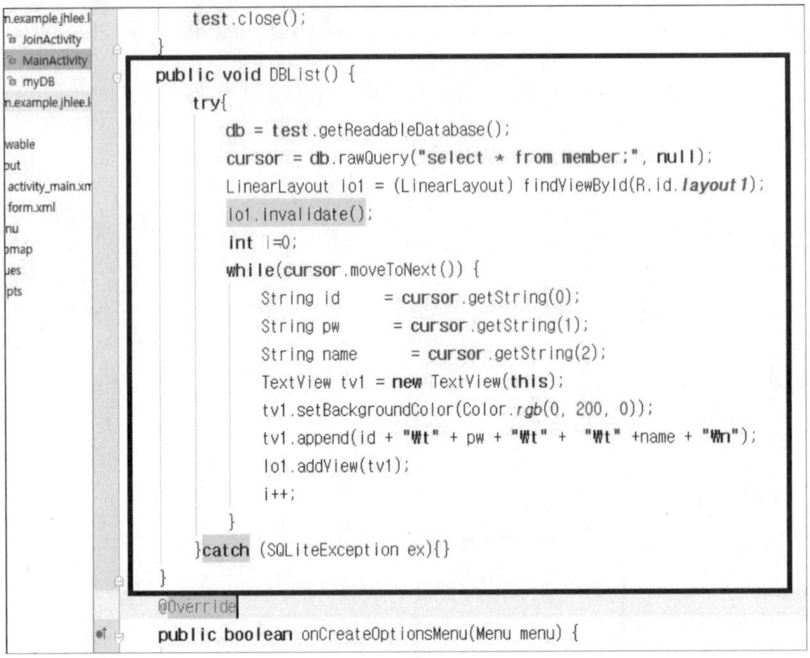

```
n.example.jhlee.l        test.close();
 JoinActivity          }
 MainActivity      public void DBList() {
 myDB                  try{
n.example.jhlee.l          db = test.getReadableDatabase();
                           cursor = db.rawQuery("select * from member;", null);
wable                      LinearLayout lo1 = (LinearLayout) findViewById(R.id.layout1);
out                        lo1.invalidate();
activity_main.xm           int i=0;
form.xml                   while(cursor.moveToNext()) {
nu                             String id     = cursor.getString(0);
pmap                           String pw     = cursor.getString(1);
ues                            String name   = cursor.getString(2);
pts                            TextView tv1 = new TextView(this);
                               tv1.setBackgroundColor(Color.rgb(0, 200, 0));
                               tv1.append(id + "\t" + pw + "\t" +  "\t" +name + "\n");
                               lo1.addView(tv1);
                               i++;
                           }
                       }catch (SQLiteException ex){}
                   }
                   @Override
                   public boolean onCreateOptionsMenu(Menu menu) {
```

〈그림 97〉

수정된 코드는 다음과 같다.

```
public void DBList() {
   try{
       db = test.getReadableDatabase();
       cursor = db.rawQuery("select * from member;", null);
       LinearLayout lo1 = (LinearLayout) findViewById(R.id.layout1);
       lo1.invalidate();
       int i=0;
       while(cursor.moveToNext()) {
           String id     = cursor.getString(0);
           String pw     = cursor.getString(1);
           String name     = cursor.getString(2);
           TextView tv1 = new TextView(this);
           tv1.setBackgroundColor(Color.rgb(0, 200, 0));
           tv1.append(id + "\t" + pw + "\t" +  "\t" +name + "\n");
           lo1.addView(tv1);
           i++;
       }
   }catch (SQLiteException ex){}
}
```

〈그림 98〉과 같이 실행아이콘을 클릭한다.

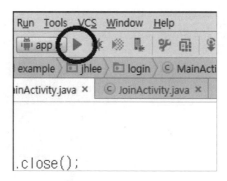

〈그림 98〉

실행 결과는 〈그림 99〉와 같으며, JOIN 버튼을 클릭한다.

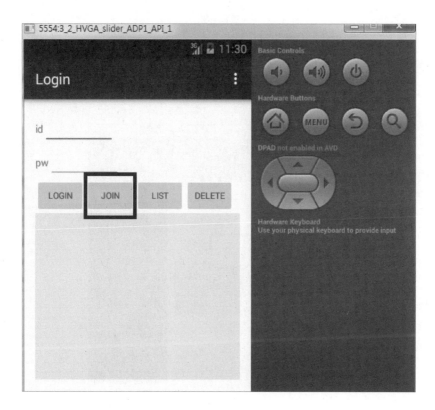

〈그림 99〉

〈그림 100〉과 같이 저장하기를 원하는 값을 입력한 다음, SAVE 버튼을 클릭한다.

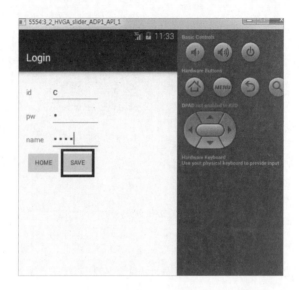

〈그림 100〉

〈그림 101〉과 같이 LIST 버튼을 클릭한다. 데이터베이스에 저장된 회원들의 정보가 출력됨을 알 수 있다.

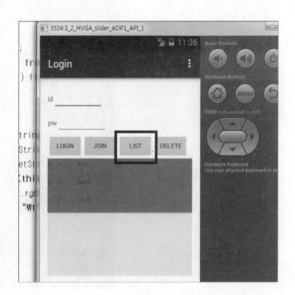

〈그림 101〉

이상으로 회원 정보 모두 출력하기의 실습을 마친다.

회원정보 테이블 삭제하기

앞 절에 이어서 실습하기로 한다. 〈그림 102〉와 같이 "MainActivity" 파일에 코드를 추가한다.

```
case R.id.btn3:
    DBList();
    break;

case R.id.btn4:
    test.onUpgrade(db, 1, 1);

}
    test.close();
}
public void DBList() {
```

〈그림 102〉

추가된 코드는 다음과 같다.

```
case R.id.btn4:
    test.onUpgrade(db, 1, 1);
```

〈그림 103〉과 같이 실행 아이콘을 클릭 한다.

```
case R.id.btn4:
    test.onUpgrade(db, 1, 1);
}
test.close();
```

〈그림 103〉

실행 결과는 〈그림 104〉와 같으며, LIST 버튼을 클릭한다.

〈그림 104〉

실행 결과는 〈그림 105〉와 같으며, DELETE 버튼을 클릭한다.

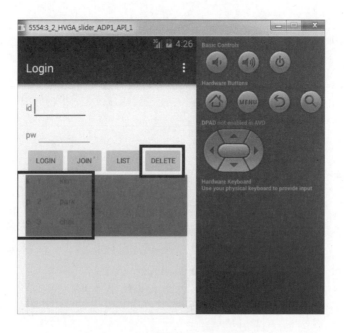

〈그림 105〉

JOIN버튼을 클릭한 다음, 이동된 페이지에서 HOME 버튼을 클릭하여 다시 돌아온 결과는 〈그림 106〉과 같다.

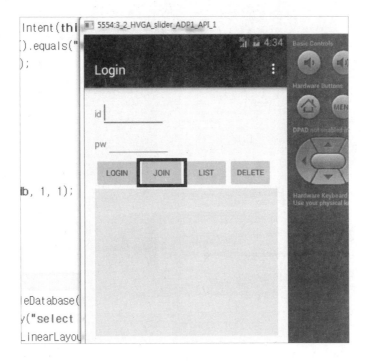

〈그림 106〉

이상으로 회원정보 테이블 삭제하기의 실습과 10장의 실습을 모두 마친다.

11

데이터베이스 (DataBase) 활용 2

이번 장에서는 스마트폰에서 MySql 데이타베이스를 다뤄보기 위한 가장 기본적인 작업을 실습하기로 한다. 우선, 메인 화면 디자인과 데이터베이스와 테이블을 생성한다 (MySql 버전). 이어서, 스마트폰에서 입력된 간단한 회원정보를 PHP와 MySql을 이용해 데이터베이스에 입력하여 본다. 마지막으로, 입력된 회원정보를 출력해보기로 한다.

이장에서 사용된 AsyncTask 클래스 객체의 실행은 execute() 메소드 호출로 시작된다. 먼저, onPreExecute()는 프로그래스 바, 대화상자 등의 전처리를 수행한다. doInBackground()는 execute() 메소드 호출시 전달받은 파라미터를 이용해 수행되는 배경(작업) 스레드 영역이다. 배경 스레드 영역에서는 UI에 관련된 처리를 수행할 수 없다. onProgressUpdate()는 배경 스레드 처리 중간에 필요한 업데이트 등을 처리하는 역할을 한다.

onPostExecute()는 배경 스레드에서 전달받은 결과를 처리하는 UI 스레드 역할을 한다.

메인 화면 디자인하기

새로운 프로젝트를 작성하기로 한다. "Android Studio"를 더블 클릭하여 실행시킨다. 〈그림 1〉
과 같이 "Start a new Android Studio project"를 더블 클릭한다.

〈그림 1〉

〈그림 2〉와 같이 "Application Name" 란에 "MySQLdb" 라고 입력 한 다음, "Next" 버튼을 클릭
한다.

〈그림 2〉

〈그림 3〉과 같이 Minimum SDK를 "API 15: Android 4.0.3(IceCreamSand wich)"를 선택 한 다음 "Next" 버튼을 클릭한다.

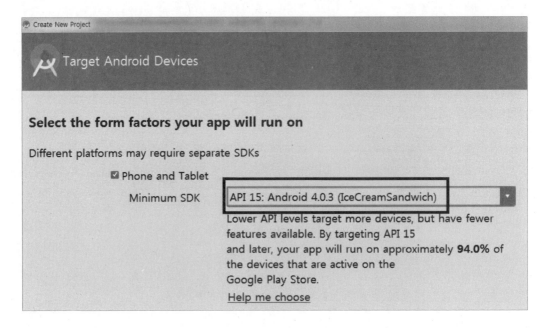

〈그림 3〉

〈그림 4〉와 같이 "Blank Activity"를 선택한 다음, "Next" 버튼을 클릭한다. 이어서, "Finish" 버튼을 클릭한다.

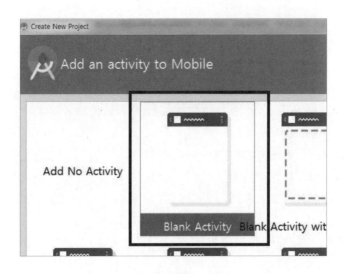

〈그림 4〉

〈그림 5〉와 같이 "res/layout" 아래의 "activity_main.xml"을 더블 클릭한다.

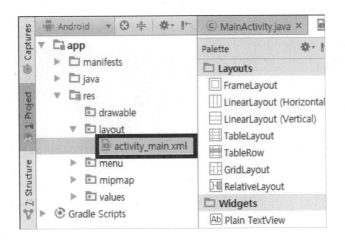

〈그림 5〉

〈그림 6〉과 같이 화면 안에 작성된 기존의 "TextView"를 클릭한 다음, DELETE 키를 눌러 삭제한다.

〈그림 6〉

〈그림 7〉과 같이 "LinearLayout(Horizontal)"을 클릭하여 화면에 작성한다.

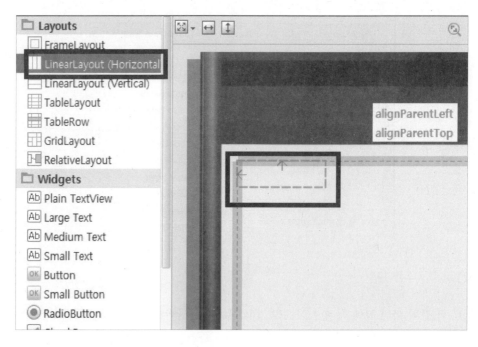

〈그림 7〉

〈그림 8〉과 같이 Plain TextView를 클릭하여 앞서 작성한 LinearLayout위에 배치되도록 클릭한다.

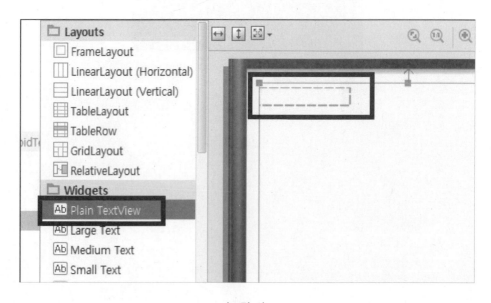

〈그림 8〉

〈그림 9〉와 같이 작성된 TextView를 더블 클릭한다.

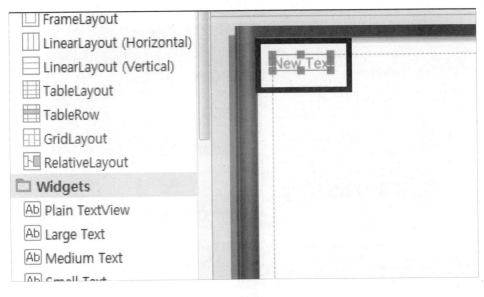

〈그림 9〉

〈그림 10〉과 같이 text: id 라고 입력한다.

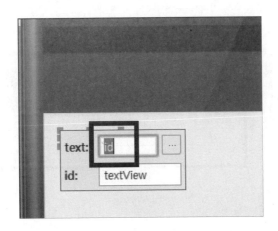

〈그림 10〉

〈그림 11〉과 같이 "Plain Text"를 TextView 바로 오른쪽에 추가한다.

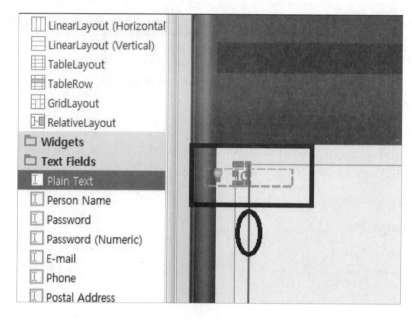

〈그림 11〉

〈그림 12〉와 같이 "EditText"를 더블 클릭한다.

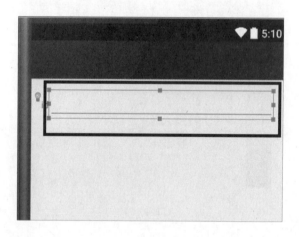

〈그림 12〉

〈그림 13〉과 같이 아래쪽에만 "id" 라고 입력한다.

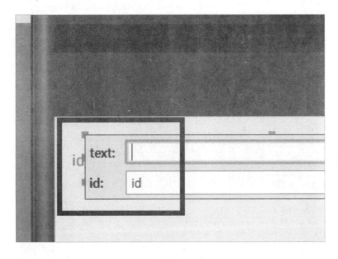

〈그림 13〉

〈그림 14〉와 같이 EditText의 width 속성 값을 "100"으로 설정한다.

padding5tart	
password	☐
phoneNumber	☐
selectAllOnFocus	☐
shadowColor	
singleLine	☐
stateListAnimator	
text	
textAlignment	
textAppearance	
textColor	
textColorHighlight	
textColorHint	
textColorLink	
textIsSelectable	☐
textSize	
▶ **textStyle**	[]
theme	
transitionName	
translationZ	
typeface	
visibility	
width	100 ...

〈그림 14〉

〈그림 15〉와 같이 "Clear All Weights"를 클릭한다.

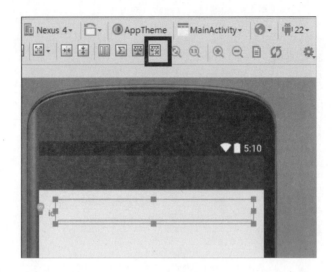

〈그림 15〉

〈그림 16〉과 같이 EditText의 크기가 변경된다.

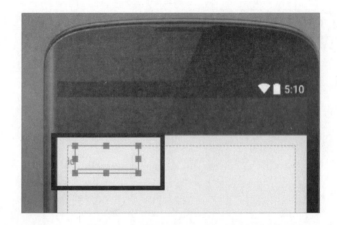

〈그림 16〉

〈그림 17〉과 같이 "focusable" 속성을 클릭한다.

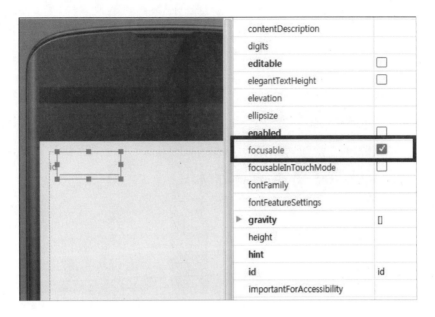

〈그림 17〉

〈그림 18〉과 같이 "selectAllOnFocus"를 클릭 한다.

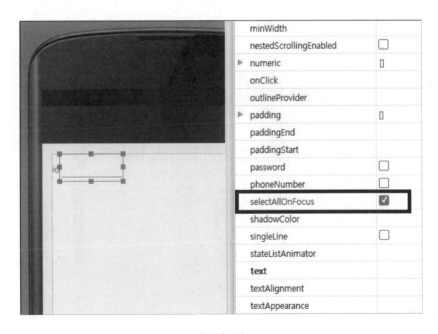

〈그림 18〉

〈그림 19〉와 같이 "LinearLayout" 을 클릭 한 다음, 수직방향 축소 아이콘을 클릭한다. 이어서, CTRL키와 C키를 동시에 눌러 레이아웃 전체를 복사한다.

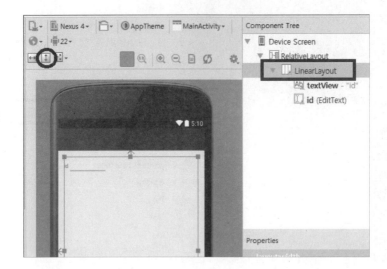

〈그림 19〉

CTRL키와 V키를 동시에 누른 다음, 〈그림 20〉과 같은 위치에 앞서 복사해 놓은 레이아웃 전체를 붙여넣기 한다.

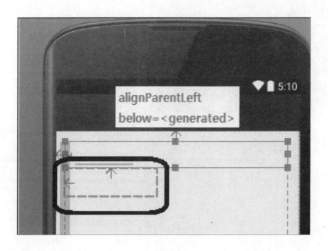

〈그림 20〉

방금 복사된 TextView를 더블 클릭한 다음, 〈그림 21〉과 같이 text: pw 라고 입력한다.

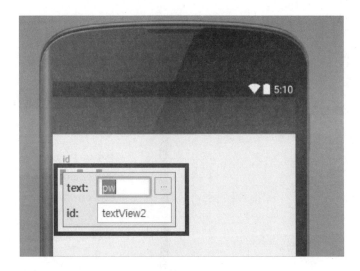

〈그림 21〉

앞서 복사된 "EditText"를 더블 클릭하여 〈그림 22〉와 같이 id: pw 라고 작성한다.

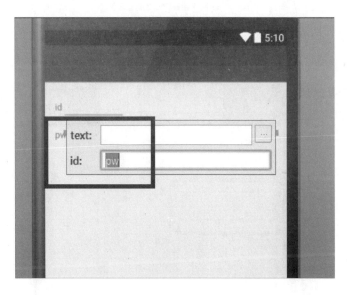

〈그림 22〉

〈그림 23〉과 같이 inputType의 속성 값을 "textPassword"로 지정한다.

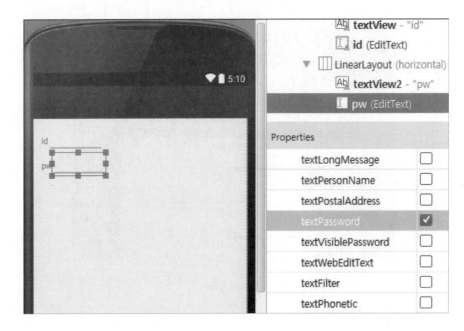

〈그림 23〉

〈그림 24〉와 같이 "Plain Text"를 추가한 다음 더블 클릭한다.

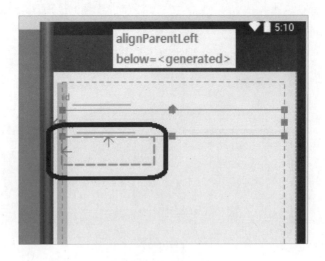

〈그림 24〉

〈그림 25〉와 같이 아래쪽에 "view" 라고 입력한다.

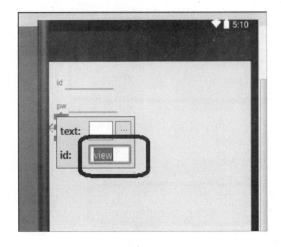

〈그림 25〉

〈그림 26〉과 같이 lines 속성에 "5", nestedScrollingEnabled 속성에 "true"를 설정한다.

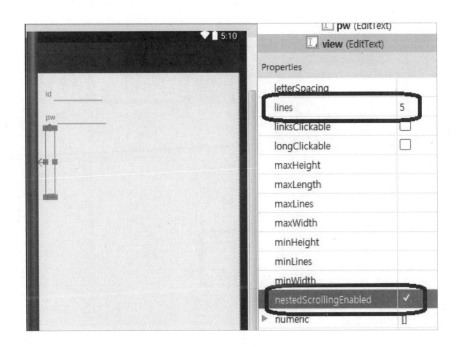

〈그림 26〉

〈그림 27〉과 같이 textColor 속성에 "#080cff", textStyle 속성에 "bold"를 설정한다.

〈그림 27〉

〈그림 28〉과 같이 "LinearLayout(Horizontal)"을 클릭하여 화면에 작성한다.

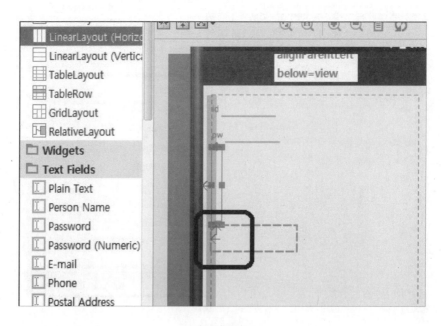

〈그림 28〉

〈그림 29〉와 같이 "Button"을 클릭하여 버튼 3개를 수평 방향으로 나란히 작성한다.

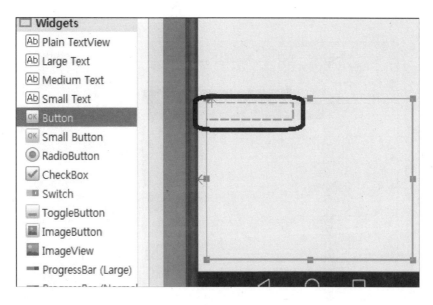

〈그림 29〉

〈그림 30〉과 같이 첫 번째 버튼을 더블 클릭하여 "insert"와 "btn_ins"를 입력한다. 같은 방법으로, 두 번째 버튼에 "select"와 "btn_sel"를 입력한다. 세 번째 버튼에는 "list"와 "btn_lst"를 입력한다.

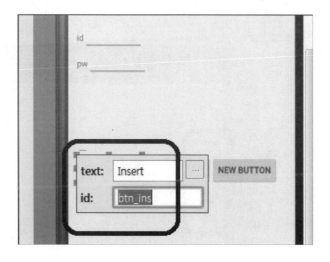

〈그림 30〉

〈그림 31〉과 같이 "LinearLayout(Horizontal)"을 클릭한 다음, "Set layout_ height to wrap_content"를 클릭하여 레이아웃 높이를 조정한다.

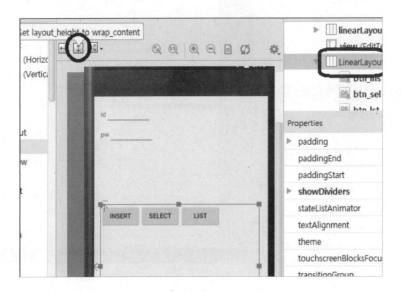

〈그림 31〉

같은 방법으로, 〈그림 32〉와 같이 앞서 작성한 "EditText"의 폭도 조정한다.

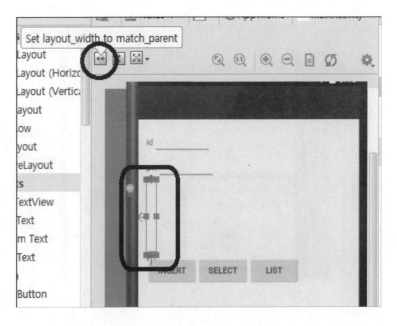

〈그림 32〉

결과는 〈그림 33〉과 같다.

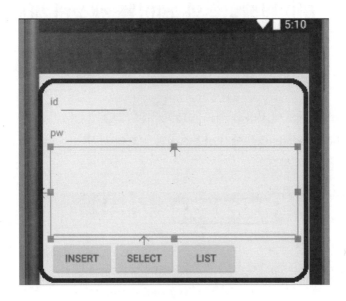

<그림 33>

이상으로 메인 화면 디자인하기 실습을 마친다.

11.2 데이터베이스와 테이블 생성하기(MySql 버전)

앞 절에서 작성한 프로젝트에 사용할 새로운 데이터베이스를 생성하기로 한다. 〈그림 34〉와 같이 "http://localhost/myadmin/" 에서 사용자명과 암호에 각각 "root"와 "apmsetup"을 입력한 다음, "실행"버튼을 클릭 한다.

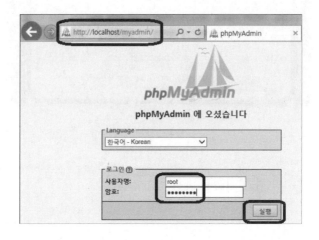

〈그림 34〉

〈그림 35〉와 같이 새로운 데이터베이스 이름을 "member" 라고 입력한다. 사각형으로 표시한 두 개의 선택상자들에서 "utf8_general_ci"를 선택하고 "만들기"를 클릭한다.

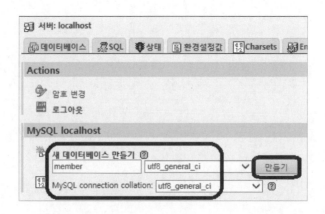

〈그림 35〉

〈그림 36〉과 같이 테이블의 이름을 "member", 테이블의 열의 수(Number of fields)를 "2"로 입력하고 실행 버튼을 클릭한다.

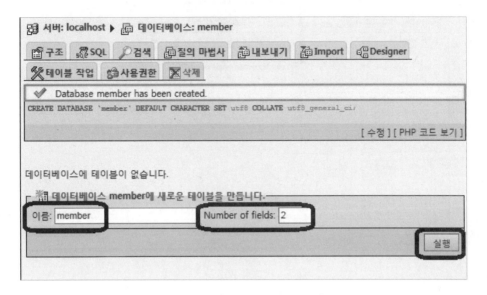

〈그림 36〉

〈그림 37〉과 같이 필드명(id, pw), 데이터형(VARCHAR, VARCHAR), 길이(10, 10), Collation (utf8_general_ci, utf8_general_ci)로 작성한다.

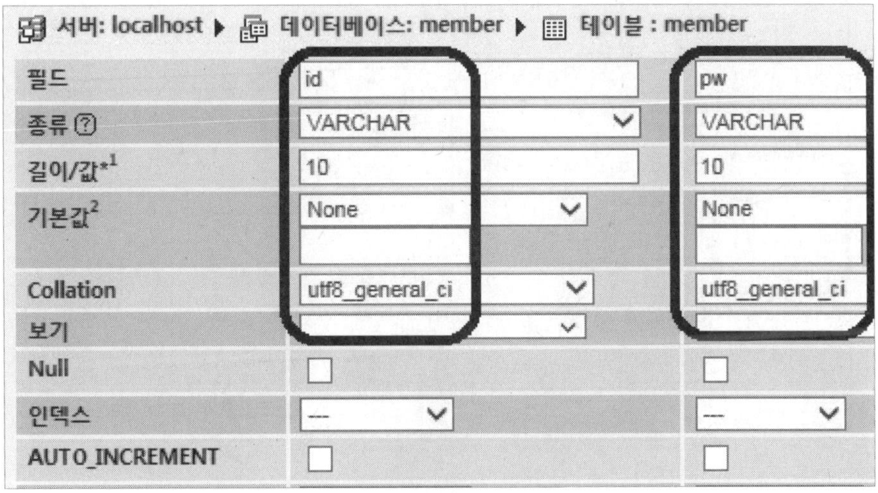

〈그림 37〉

〈그림 38〉과 같이 Collation(utf8_general_ci)를 선택하고 저장 버튼을 클릭한다.

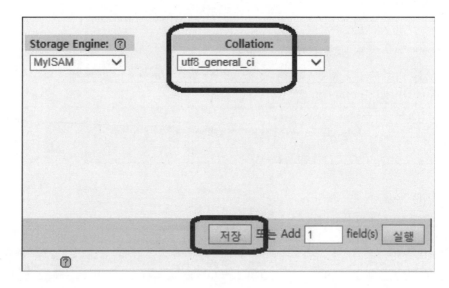

〈그림 38〉

결과는 〈그림 39〉와 같으며, 한글 저장이 가능한 형태의 member 테이블을 갖는 member 데이터베이스를 작성하였다.

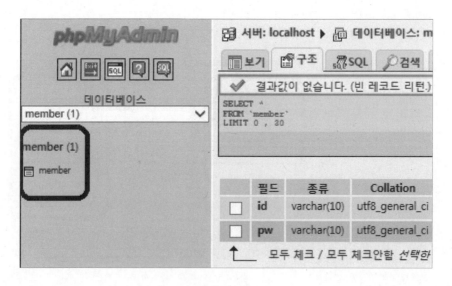

〈그림 39〉

이상으로 데이터베이스와 테이블 생성하기의 실습을 마친다.

회원 관리 프로그램 작성하기

11.1절에서 작성한 프로젝트에 이어서 작업하기로 한다. 〈그림 40〉과 같이 코드를 "MainActivity" 클래스 위치에 작성한다.

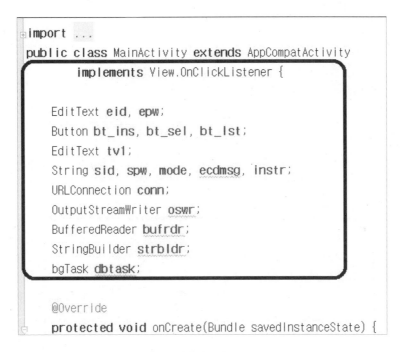

```java
import ...
public class MainActivity extends AppCompatActivity
        implements View.OnClickListener {

    EditText eid, epw;
    Button bt_ins, bt_sel, bt_lst;
    EditText tv1;
    String sid, spw, mode, ecdmsg, instr;
    URLConnection conn;
    OutputStreamWriter oswr;
    BufferedReader bufrdr;
    StringBuilder strbldr;
    bgTask dbtask;

    @Override
    protected void onCreate(Bundle savedInstanceState) {
```

〈그림 40〉

앞에서 작성된 코드는 다음과 같다.

```
public class MainActivity extends AppCompatActivity
                    implements View.OnClickListener {
    EditText eid, epw;
    Button bt_ins, bt_sel, bt_lst;
    EditText tv1;
    String sid, spw, mode, ecdmsg, instr;
    URLConnection conn;
    OutputStreamWriter oswr;
    BufferedReader bufrdr;
    StringBuilder strbldr;
    bgTask dbtask;
```

<그림 41>과 같이 onCreat()함수 안에 코드를 추가한다.

```
@Override
protected void onCreate(Bundle savedInstanceState) {
    super.onCreate(savedInstanceState);
    setContentView(R.layout.activity_main);

    eid = (EditText) findViewById(R.id.id);
    epw = (EditText) findViewById(R.id.pw);
    bt_ins = (Button) findViewById(R.id.btn_ins);
    bt_sel = (Button) findViewById(R.id.btn_sel);
    bt_lst = (Button) findViewById(R.id.btn_lst);
    bt_ins.setOnClickListener(this);
    bt_sel.setOnClickListener(this);
    bt_lst.setOnClickListener(this);
    tv1 = (EditText) findViewById(R.id.view);

}
public void onClick(View v){
```

〈그림 41〉

```
eid = (EditText) findViewById(R.id.id);
epw = (EditText) findViewById(R.id.pw);
bt_ins = (Button) findViewById(R.id.btn_ins);
bt_sel = (Button) findViewById(R.id.btn_sel);
bt_lst = (Button) findViewById(R.id.btn_lst);
bt_ins.setOnClickListener(this);
bt_sel.setOnClickListener(this);
bt_lst.setOnClickListener(this);
tv1 = (EditText) findViewById(R.id.view);
```

onCreat()함수 바로 아래쪽에 〈그림 42〉와 같이 코드를 추가한다.

```
public void onClick(View v){
    sid = "";
    spw = "";
    sid = eid.getText().toString();
    spw = epw.getText().toString();
    switch(v.getId())
    {
        case R.id.btn_ins:
            mode = "i";
            break;
        case R.id.btn_sel:
            mode = "s";
            break;
        case R.id.btn_lst:
            mode = "l";
    }
    dbtask = new bgTask(this);
    dbtask.execute(mode, sid, spw);
}
```

〈그림 42〉

```
public void onClick(View v){
    sid = "";
    spw = "";
    sid = eid.getText().toString();
    spw = epw.getText().toString();
    switch(v.getId())
    {
        case R.id.btn_ins:
            mode = "i";
            break;
        case R.id.btn_sel:
            mode = "s";
            break;
        case R.id.btn_lst:
            mode = "l";
    }
    dbtask = new bgTask(this);
    dbtask.execute(mode, sid, spw);
}
```

onClick() 함수 바로 아래쪽에 〈그림 43〉과 같이 코드를 작성한다.

```
class bgTask extends AsyncTask<String, Void, String>{
    String urlstr = "http://xxx.xxx.xxx.xxx/insert.php";
    URL url;
    AlertDialog Dlg;
    Context contxt;
    public bgTask(Context cntext)
    {
        this.contxt = cntext;
    }
    @Override
    protected void onPreExecute() {
        super.onPreExecute();
        Dlg = new AlertDialog.Builder(contxt).create();
        Dlg.setTitle("DlgTitle");
    }
```

〈그림 43〉

```
class bgTask extends AsyncTask<String, Void, String>{
      String urlstr = "http://xxx.xxx.xxx.xxx/insert.php";  //자신의 IP 주소
      URL url;
      AlertDialog Dlg;
      Context contxt;
      public bgTask(Context cntext)
      {
          this.contxt = cntext;
      }
      @Override
      protected void onPreExecute() {
          super.onPreExecute();
          Dlg = new AlertDialog.Builder(contxt).create();
          Dlg.setTitle("DlgTitle");
      }
```

%참고 : 앞의 코드 String urlstr = "http://xxx.xxx.xxx.xxx/insert.php"; 에서 "xxx. xxx.xxx.xxx"는 자신의 고정 IP 주소를 입력하면 된다. 그리고 insert.php는 11.4절에서 작성될 것이다.

앞의 onPreExecute() 함수 바로 아래에 〈그림 44〉와 같이 코드를 계속 작성한다.

```
@Override
protected String doInBackground(String... params) {
    mode = (String)params[0];
    sid = (String)params[1];
    spw = (String)params[2];
    try{
        ecdmsg  = URLEncoder.encode("mode", "UTF-8") + "=" + URLEncoder.encode(mode, "UTF-8");
        ecdmsg += "&" + URLEncoder.encode("id", "UTF-8") + "=" + URLEncoder.encode(sid, "UTF-8");
        ecdmsg += "&" + URLEncoder.encode("pw", "UTF-8") + "=" + URLEncoder.encode(spw, "UTF-8");
        url = new URL(urlstr);
        conn = url.openConnection();
        conn.setDoOutput(true);
        oswr = new OutputStreamWriter(conn.getOutputStream());
        oswr.write(ecdmsg);
        oswr.flush();
        oswr.close();
        bufrdr = new BufferedReader(new InputStreamReader(conn.getInputStream()));
        strbldr = new StringBuilder();
        instr = null;
        while((instr = bufrdr.readLine()) != null)
        {
            strbldr.append(instr);
            break;
        }
        bufrdr.close();
        return strbldr.toString();
    }
    catch(Exception e){ return new String("error: " + e.getMessage()); }
}
```

〈그림 44〉

```
@Override
protected String doInBackground(String... params) {
    mode = (String)params[0];
    sid = (String)params[1];
    spw = (String)params[2];
    try{
        ecdmsg  = URLEncoder.encode("mode", "UTF-8") + "=" +
                URLEncoder.encode(mode, "UTF-8");
        ecdmsg += "&" + URLEncoder.encode("id", "UTF-8") + "=" +
                URLEncoder.encode(sid, "UTF-8");
        ecdmsg += "&" + URLEncoder.encode("pw", "UTF-8") + "=" +
                URLEncoder.encode(spw, "UTF-8");
        url = new URL(urlstr);
        conn = url.openConnection();
        conn.setDoOutput(true);
        oswr = new OutputStreamWriter(conn.getOutputStream());
        oswr.write(ecdmsg);
        oswr.flush();
        oswr.close();
        bufrdr = new BufferedReader(new InputStreamReader(conn.getInputStream()));
        strbldr = new StringBuilder();
        instr = null;
        while((instr = bufrdr.readLine()) != null)
        {
            strbldr.append(instr);
            break;
        }
        bufrdr.close();
        return strbldr.toString();
    }
    catch(Exception e){ return new String("error: " + e.getMessage()); }
}
```

〈그림 45〉와 같이 코드를 계속 작성한다.

```
        @Override
        protected void onProgressUpdate(Void... data) {
            super.onProgressUpdate(data);
        }
        @Override
        protected void onPostExecute(String str) {
            super.onPostExecute(str);
            if(str.equals("FAIL"))
            {
                Dlg.setMessage(str);
                Dlg.show();
            }
            else
            {
                tv1.setText(str);
            }
        }
    }
```

〈그림 45〉

앞에서 작성된 코드는 다음과 같다.

```
@Override
protected void onProgressUpdate(Void... data) {
    super.onProgressUpdate(data);
}
@Override
protected void onPostExecute(String str) {
    super.onPostExecute(str);
    if(str.equals("FAIL"))
    {
        Dlg.setMessage(str);
        Dlg.show();
    }
    else
    {
        tv1.setText(str);
    }
}
}
```

〈그림 46〉과 같이 코드를 작성한다.

```
                <category android:name="android.intent.category.LAUNCHER" />
            </intent-filter>
        </activity>
    </application>

<uses-permission android:name="android.permission.INTERNET" />

</manifest>
```

〈그림 46〉

앞에서 작성된 코드는 다음과 같다.

```
<uses-permission android:name="android.permission.INTERNET" />
```

지금까지의 작성된 코드는 스마트폰에서 필요한 프로그램이지만, MySQL 데이터베이스에 직접 접근하는 것은 보안상 허용되지 않기 때문에 PHP 등의 웹 언어를 이용해야 한다. 다음절에서는 스마트폰에서 전달한 파라미터를 PHP에서 받아 MySql에 접근하는 방법을 실습할 것이다. 이상 으로 회원 정보를 입력하기 위한 스마트폰 쪽에서 필요했던 실습을 마친다.

MySql에 대한 스마트폰의 요청을 PHP로 처리하기

메모장에 〈그림 47〉과 같이 코드를 작성한다. 작성된 파일을 "C:₩APM_ Setup₩htdocs ₩insert.php" 라는 파일로 저장한다.

```php
<?php
$con=mysqli_connect("127.0.0.1","root","apmsetup","member");
$mode = $_POST['mode'];
$id = $_POST['id'];
$pw = $_POST['pw'];
if(mysqli_connect_errno($con))
{ echo "Connect fail: ".mysqli_connect_error(); }
mysqli_query($con, "set names utf8");
switch($mode)
{
case 'i':
    $rst = mysqli_query($con,"insert into
            member(id, pw) values('$id', '$pw')");
    break;
case 's':
    $sql = "select * from member where id = '$id'";
    $rst = mysqli_query($con, $sql);
    $num_match = mysqli_num_rows($rst);
    if($num_match){
        $row = mysqli_fetch_array($rst);
        $id = $row[id];
        $pw = $row[pw];
    }else
    {
            $rst = "";
    }
        break;
case 'l':
    $sql = "select * from member";
    $rst = mysqli_query($con, $sql);
    while ($row = mysqli_fetch_assoc($rst)){
        echo 'id : '.$row['id'].', pw : '.$row['pw'].'         ';
    echo '                                                    ';
    }
    exit();
}
if($rst)
{
    echo "id, pw :  [  ".$id.", ".$pw.'  ]';
}
else
{     echo "FAIL";  }
    mysqli_close($con);
?>
```

〈그림 47〉

```php
<?php
$con=mysqli_connect("127.0.0.1","root","apmsetup","member");//member db
$mode = $_POST['mode'];
$id = $_POST['id'];
$pw = $_POST['pw'];
if(mysqli_connect_errno($con))
{
  echo "Connect fail: ".mysqli_connect_error();
}
mysqli_query($con, "set names utf8");
switch($mode)
{
case 'i':
    $rst = mysqli_query($con,"insert into
            member(id, pw) values('$id', '$pw')"); //member 테이블
    break;
case 's':
    $sql = "select * from member where id = '$id'";
    $rst = mysqli_query($con, $sql);
    $num_match = mysqli_num_rows($rst);
    if($num_match){
            $row = mysqli_fetch_array($rst);
            $id = $row[id];
            $pw = $row[pw];
        }else
        {
          $rst = "";
        }
        break;
case 'l':
    $sql = "select * from member";
    $rst = mysqli_query($con, $sql);
    while ($row = mysqli_fetch_assoc($rst)){
        echo 'id : '.$row['id'].', pw : '.$row['pw'].'          ';
    echo '                                                      ';
  }
  exit();
}
if($rst)
 {
   echo "id, pw :  [  ".$id.", ".$pw.'  ]';
```

```
  }
else
{
  echo "FAIL";
}
mysqli_close($con);
?>
```

%참고 : mysqli는 mysql의 개선된(improved) 버전으로 PHP5에 적합한 버전이다. 보안과 실행 속도 면에서 향상되었다.

11.5 회원 정보 입력하고 출력하기

11.3절에서 작성된 코드를 이용하기로 한다. 〈그림 48〉과 같이 실행아이콘을 클릭한다.

```
super.onCreate(savedInstanceState);
setContentView(R.layout.activity_main);

eid = (EditText) findViewById(R.id.id);
epw = (EditText) findViewById(R.id.pw);
bt_ins = (Button) findViewById(R.id.btn_ins);
bt_sel = (Button) findViewById(R.id.btn_sel);
bt_lst = (Button) findViewById(R.id.btn_lst);
```

〈그림 48〉

실행된 결과는 〈그림 49〉와 같다.

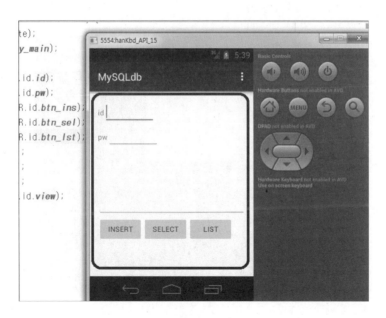

〈그림 49〉

〈그림 50〉과 같이 "id"를 클릭한 다음, "a" 문자를 클릭하여 입력한다. 이어서, 맨 아래쪽에 타원으로 표시한 "뒤로 가기" 버튼을 클릭한다.

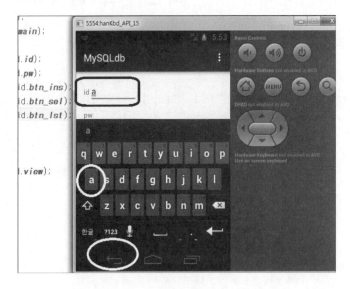

〈그림 50〉

〈그림 51〉과 같이 "pw"를 클릭한 다음, "한글(현재는 ABC버튼으로 바뀜)" 버튼을 클릭 한다. "가"라고 입력한다(입력된 것은 암호 형태로 변경되어 나타난다). 이어서, 〈그림 50〉과 같은 방법으로 "뒤로 가기" 버튼을 클릭한다.

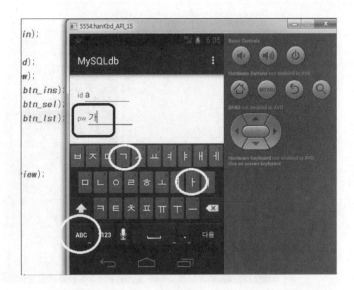

〈그림 51〉

〈그림 52〉와 같이 INSERT버튼을 클릭한다. 그림은 데이터베이스에 정상적으로 저장되었고 저장된 데이터를 다시 읽어와 출력한 결과를 나타낸다.

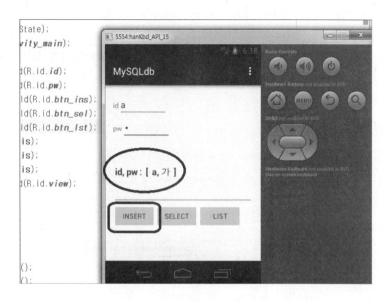

〈그림 52〉

같은 방법으로, id와 pw에 (b, 나), (c, 다), (d, 라), (e, 마)를 입력한다. 이어서, "LIST" 버튼을 클릭한다. 결과는 〈그림 53〉과 같이 나타날 것이다. 출력은 한 화면에 5개씩 출력되며, 출력될 리스트의 양이 많은 경우(6줄 이상) 상하로 스크롤이 가능하다.

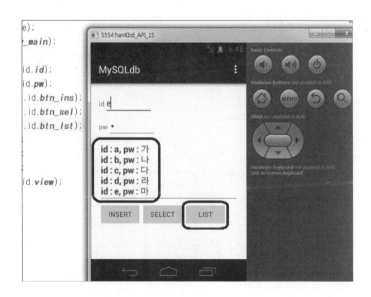

〈그림 53〉

데이터베이스에 저장되었는지 확인하기 위해, 〈그림 54〉와 같이 "http:// localhost/ myadmin/"에서 사용자명과 암호에 각각 "root"와 "apmsetup"을 입력한 다음, "실행"버튼을 클릭 한다. ("http://127.0.01/myadmin/" 대신 "http:// localhost/myadmin/"를 입력해도 된다.)

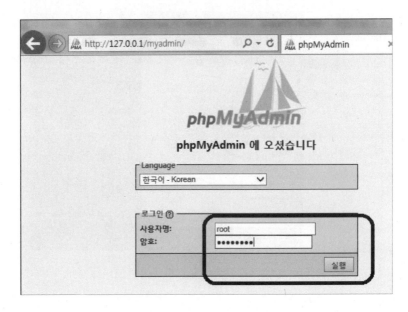

〈그림 54〉

〈그림 55〉는 member 데이터베이스의 member 테이블을 클릭하여 나타낸 결과이다.

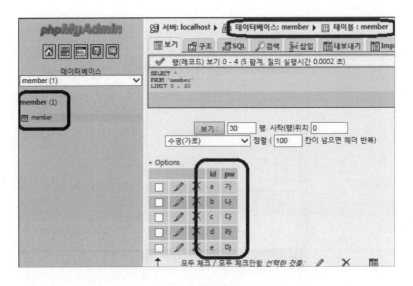

〈그림 55〉

특정 "id"에 대한 정보를 알아보려면, 〈그림 56〉과 같이 해당 id(예, c)를 입력한 다음, SELECT 버튼을 클릭하면 된다.

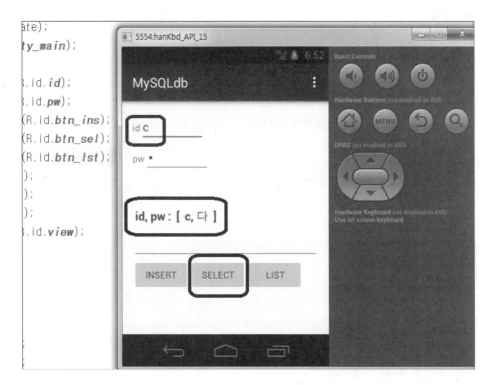

〈그림 50〉

이상으로 11장의 실습을 모두 마친다.

저자 약력

이준형
현) 강동대학교 스마트폰과 교수

홍유식
현) 상지대학교 컴퓨터정보공학부 교수

최명복
현) 강릉원주대학교 멀티미디어공학과 교수

안드로이드 프로그래밍

1판 1쇄 인쇄 2016년 06월 20일
1판 1쇄 발행 2016년 06월 25일
저   자 이준형, 홍유식, 최명복
발 행 인 이범만
발 행 처 **21세기사** (제406-00015호)
          경기도 파주시 산남로 72-16 (10882)
          Tel. 031-942-7861   Fax. 031-942-7864
          E-mail : 21cbook@naver.com
          Home-page : www.21cbook.co.kr
          ISBN 978-89-8468-682-3

정가 23,000원

이 도서의 국립중앙도서관 출판예정도서목록(CIP)은 서지정보유통지원시스템 홈페이지(http://seoji.nl.go.kr)와 국가자료
공동목록시스템(http://www.nl.go.kr/kolisnet)에서 이용하실 수 있습니다.(CIP제어번호: CIP2016015410)